Impressum:

© 2021 Ulrike Jung

Layout Buchblock und Umschlag: Susanne Junge
Umschlagbild: © iStock-157165702
Bilder im Buchinnern:
       S. 19 TU Ilmenau, S. 31: Ulrike Jung/Angelika Fleckenstein, S.33: Ulrike Jung
Autorenfoto Umschlagrückseite: Jan Roeder
Verlag: tredition GmbH, Halenreie 40-44, 22359 Hamburg

ISBN Taschenbuch: 978-3-347-29957-3
ISBN Hardcover: 978-3-347-29958-0
ISBN eBook: 978-3-347-29959-7

Bibliografische Information der Deutschen Nationalbibliothek: Die Deutsche National-bibliothek verzeichnet diese Publikation in der Deutschen Nationalbibliografie; detaillierte bibliografische Daten sind im Internet über http://dnb.d-nb.de abrufbar.

Ulrike Jung

Das Erfolgsteam: Meine inneren Uhren und ich

Leben mit dem eigenen Biorhythmus –
mehr Lebensenergie, weniger Stress

Liebe Leserin, lieber Leser,

haben Sie sich auch schon einmal gefragt, warum Sie zu bestimmten Tageszeiten besonders oder auch weniger leistungsfähig sind, warum an dunklen Herbst- und Wintertagen Ihre Stimmung im Keller ist, obwohl nichts Besonderes vorgefallen ist, oder auch warum Sie die Zahnarztbehandlung am Nachmittag als weniger schmerzhaft empfinden als am Vormittag?

Alle diese Phänomene und Befindlichkeiten hängen mit Ihrer inneren Uhr und den chronobiologischen Rhythmen zusammen. Im Normalfall nehmen wir unsere inneren Uhren kaum wahr. Dabei steuert ein System von präzise aufeinander abgestimmten Uhrwerken in den Zellen und Organen fast alle Lebensbereiche.

Lange Zeit schenkte auch die Medizin den biologischen Rhythmen und ihrer Bedeutung für Gesundheit und Leistungsfähigkeit wenig Beachtung. Doch spätestens als 2017 der Nobelpreis für Medizin an die drei Forscher Jeffrey C. Hall, Michael Rosbash und Michael Young ging, änderte sich das. Durch ihre Forschungsergebnisse konnte der molekulare Mechanismus der inneren Uhren entschlüsselt werden.

Jeder Mensch hat seinen eigenen Biorhythmus, der nicht immer in Übereinstimmung damit ist, wie wir leben und arbeiten, wann und wie lange wir schlafen, wie oft und wann wir essen oder wann wir Höchstleistung abrufen wollen oder müssen.

Der persönliche Chronotyp ist genetisch angelegt. Unsere Gene bestimmen also, ob wir eher ein lerchenhafter Frühtyp oder der eulenhafte Spättyp sind mit jeweils zeitlich individuellem Aktivitäts- und Ruhebedürfnis. Unabhängig davon folgen unsere Organe ihrem eigenen 24-Stunden-Rhythmus. Diese Rhythmen bestimmen, zu welcher Zeit unterschiedliche biologische Vorgänge im Körper aktiv sind oder pausieren. Auch unser Gehirn unterliegt diesen Rhythmen, das bedeutet, wir sind nicht zu jeder Zeit gleich kreativ und leistungsfähig.

Deshalb ist es von sehr großer Bedeutung für Gesundheit und Wohlergehen, die eigenen Rhythmen zu kennen und eine Balance zu finden zwischen der eigenen inneren Zeit und den Erfordernissen unserer Umwelt.

In diesem Buch erfahren Sie mehr über die chronobiologischen Rhythmen, ihre Bedeutung für verschiedene Lebensbereiche und was Sie selbst tun können, um im Einklang mit Ihren Biorhythmen zu leben, dadurch Ihre Gesundheit und Leistungsfähigkeit zu verbessern und Krankheiten vorzubeugen.

Lassen Sie sich anregen und mitnehmen in die faszinierende Welt der biologischen Rhythmen und vor allem, lassen Sie es nicht beim Lesen bewenden, sondern versuchen Sie, kleine Veränderungen dort in Ihr Leben zu bringen, wo Ihre Schwingungen noch nicht gut mit Ihrem Lebensstil koordiniert sind.

Anleitungen dazu finden Sie in diesem Buch.

Herzlich

Ihre Ulrike Jung

Inhalt

Chronobiologie – eine junge Wissenschaft mit hohem Potenzial

Die Chronobiologie vereint im Namen zwei Wissenschaften, ein durchaus ungewöhnlicher Vorgang in der Welt der Wissenschaft.

Die zunächst nicht bestimmbare Zeit hat die Menschen nachweislich seit Jahrtausenden beschäftigt. Zahlreiche Mythen und auch Bauwerke künden von diesem Interesse und den Erkenntnissen, die im Laufe der Jahrtausende gewonnen wurden. In der griechischen Mythologie wurde der Zeit gar eine Gottheit gewidmet: der Gott **Chronos**. Die alten Griechen hatten jedoch zwei Bezeichnungen für die Zeit, Chronos und Kairos. Chronos steht für das quantitative Zeitempfinden und Kairos eher für das qualitative, also den rechten Augenblick oder die günstige Gelegenheit. Heute würden wir sagen, dass Chronos für die fließende Zeit steht.

Neben der durch die Uhr, das Chronometer, vorgegebenen objektiven Außenzeit empfindet jeder Mensch die Zeit subjektiv anders. Hinzu kommt, dass die innere Zeit eines Menschen nicht unbedingt synchron mit der Außenzeit läuft. Diese Erkenntnis wurde erst durch chronobiologische Forschungen möglich.

Die **Biologie** ist die Lehre von der belebten Natur oder auch einfach das Studium des Lebens. Schon immer war der Mensch neugierig, mehr über die Abläufe und Zusammenhänge in der Natur, insbesondere der Lebewesen zu erfahren. Bereits im 18. Jahrhundert berichtete der Astronom Jean Jacques d′Ortous de Mairan von täglichen Blattbewegungen bei der Mimose. Bei Experimenten konnte er zeigen, dass die Blätter auch im Dauerdunkel tagesrhythmisch weiterschwingen. Dies war eine der ersten chronobiologischen Erkenntnisse, wie wir heute wissen.

Denn erst im 20. Jahrhundert begann die gezielte wissenschaftliche Erforschung solcher Phänomene. Die Wissenschaft der Chronobiologie war geboren.

Die Chronobiologie erforscht, wie Zeit und Leben auf der Erde zusammenhängen und versucht, die zeitliche Organisation in Physiologie und Verhalten von Organismen zu erklären. In dieser Organisation spielen **Rhythmen,** häufig von endogenen (inneren) Uhren verursacht und gesteuert, eine große Rolle. Chronobiologische Gesetzmäßigkeiten wirken sich auf fast alle Lebensbereiche des Menschen aus. Ob wir im Einklang oder im Kampf mit unseren biologischen Rhythmen leben, hat einen enormen Einfluss auf Gesundheit, Wohlergehen, Leistungsfähigkeit und Krankheitsverläufe.

Zeitliche Organisation ist für alle Organismen von großer Bedeutung. Bei allen bis heute untersuchten Lebewesen konnten rhythmische Vorgänge gefunden werden. Rhythmen setzen Orientierungspunkte in der Endlosigkeit der Zeit. Die Periodenlängen für biologische Rhythmen reichen von Millisekunden bis zu Jahren. Atmung, Herzschlag, Zellerneuerung, Schlaf-Wach-Rhythmus, die Freisetzung von Hormonen und Botenstoffen, die Winterruhe und der Menstruationszyklus sind Beispiele für die große Bandbreite.

Auch das menschliche Denken und Zusammenleben ist auf Rhythmus ausgerichtet. Der Mensch braucht Zyklen, Wiederkehr und sich wiederholende Rituale und feiert sie in Gestalt von Sonntagen, Jahrestagen, Festen und Jubiläen.

Gemeinsame Rituale zählen zum Repertoire jeder Kultur. Die Riten selbst, der Anlass und die konkreten Abläufe befriedigen – jenseits der konkreten Bedeutung der Feste – ähnliche menschliche Grundbedürfnisse. Feste und Rituale wirken als kulturelle Ordnungssysteme, sagt Gunther Hirschfelder von der Universität Regensburg. Festliche Anlässe, wie Weihnachten, Ostern, Thanksgiving in den USA oder das jüdische Lichterfest Chanukka rhythmisieren das Jahr und machen Zeit besser erfahrbar. Jedes gute Ritual wiederholt sich, komme, was da wolle. Die mit den Ritualen verbindlichen und traditionell geübten Interaktionen können Geborgenheit stiften und die Gemeinschaft stärken.

Mittlerweile arbeiten Chronobiologen immer stärker interdisziplinär. Das Fachgebiet verwendet molekulare, physiologische, psychologische, ökologische und mathematische Methoden und immer wieder öffnen sich neue Horizonte und erschließen sich Zusammenhänge durch die chronobiologische Forschung.

Anwendung findet die Chronobiologie in der Medizin, im sozialmedizinischen Sektor, wie Schichtarbeit, im Leistungssport, in der Pharmakologie, in der Psychiatrie, bei Vieh- und Pflanzenzucht und in der Verhaltensbiologie.

Die Andechser Versuche – auf der Spur der natürlichen Rhythmik

In einer kleinen Gemeinde in Oberbayern, in Andechs, allgemein eher bekannt durch das Kloster und seine Klosterbiere, wurden bahnbrechende chronobiologische Versuche durchgeführt. Auch wenn es vorher schon Vermutungen zum Vorhandensein innerer Uhren gab, erst in Andechs wurden die inneren Uhren am „Subjekt" erforscht, nämlich an Menschen und Tieren.

In Andechs befand sich für mehrere Jahrzehnte eine Außenstelle des Max-Planck-Institutes für Verhaltensphysiologie. In den 1960er und 70er Jahren initiierte und leitete Jürgen Aschoff (1913-1998) mit seinem Team die Versuche im sogenannten Andechser Bunker. Dieser Wissenschaftsbunker – einmalig auf der Welt – ist eine in den Berg gegrabene Isolationseinrichtung für die Erforschung der menschlichen und tierischen zirkadianen Rhythmen. Hinter meterdicken, isolierten Wänden lebten Hunderte freiwillige Probanden jeweils für einige Wochen oder sogar Monate. Es gab kein Tageslicht, keine Uhren, kein Radio und keine Kontakte, das Internet war zu dieser Zeit ohnehin noch kein Thema. Das Essen konnte zu jeder beliebigen Zeit angefordert werden und wurde kontaktlos in eine Durchreiche gestellt. Die Probanden waren völlig autonom in ihrer Zeitaufteilung.

Die Einrichtung umfasst zwei Räume für Studienteilnehmer und einen Technikraum. Die Technik war natürlich wichtig, da über den gesamten Zeitraum eine Reihe von Vitalzeichen sowie der Schlaf der Probanden ausgewertet wurden. Die Teilnehmer waren häufig Studenten, die die Isolation für die Prüfungsvorbereitung nutzten.

Im September 2019 hatte ich Gelegenheit, den Bunker zu besuchen. Der bekannte Regensburger Schlafforscher Jürgen Zulley, Nachfolger von Jürgen Aschoff als Leiter der Versuche, führte Interessierte und frühere Mitarbeiter in die Dunkelheit des mittlerweile verfallenden Bauwerkes. Ein ehemaliger Proband erzählte, dass er die Zeit dort sehr positiv als Auszeit erinnert. Erstaunlicherweise hat kaum ein Proband das Experiment abgebrochen und wenn, dann waren die Gründe nicht etwa klaustrophobische Zustände, sondern eher die Sorge um Partner und andere im Außen liegende Gründe.

Dieser Besuch war wohl eine der letzten Gelegenheiten, dieses international bekannte „Mekka" der Chronobiologie zu erleben.

Auch ohne Tageslicht und ohne zu wissen, wann Tag oder Nacht war, blieb der **zirkadiane Rhythmus** der Probanden erhalten. Fast alle Teilnehmer pendelten sich dabei auf einen Tag von etwa 25 Stunden ein. So konnten die Forscher die alte Idee widerlegen, nur äußere Informationen würden den zirkadianen Rhythmus steuern. Sie erbrachten hingegen den eindeutigen **Beweis für die Existenz unserer inneren Uhren**.

Damit aber unsere inneren Uhren sich auf den irdischen 24 Stunden Tag einschwingen können, braucht es **Zeitgeber,** die die Testpersonen nicht hatten.

Unsere inneren Uhren – Taktgeber unseres Lebens

Normalerweise nehmen wir unsere inneren Uhren kaum wahr. Erst wenn wir gegen sie verstoßen, bekommen wir die Auswirkungen zu spüren. Wo liegt aber nun unsere innere Uhr? Gibt es gar mehrere inneren Uhren und wie arbeiten sie miteinander und im Laufe des Lebens?

1972 konnten Wissenschaftler den Ort der biologischen Uhr im menschlichen Gehirn lokalisieren. Zwei stecknadelkopfgroße Trauben von Nervenzellen, genannt **suprachiasmatischer Nucleus (SCN)**, bilden die Schaltzentrale. Sie liegt in der Mittellinie des Gehirns im Hypothalamus über der Kreuzung der Sehnerven. Die vom Auge wahrgenommenen Lichtreize werden dort verarbeitet und zur Zirbeldrüse weitergeleitet.

Das System aus SCN und Zirbeldrüse beeinflusst durch die Ausschüttung von Hormonen unter anderem die Körpertemperatur, den Blutdruck und verschiedene Stoffwechselvorgänge. Der SCN überwacht und steuert auch die in den Körperzellen vorhandenen Billionen Uhren, die miteinander in einem hochkomplexen Räderwerk verbunden sind. Es grenzt an ein Wunder, dass alle Chronometer im Körper jeden Tag synchron laufen.

Der SCN als Dirigent eines großen Orchesters

Wenn man die riesige Zahl der inneren Uhren in den Zellen als Musiker in einem Orchester betrachtet, so spielen diese nicht nur verschiedene Töne, sondern auch verschiedene rhythmische Muster. Musik kann nur dann entstehen, wenn es ein gemeinsames Zeitmaß gibt, sonst entsteht keine Musik, sondern nur Krach. Deshalb benötigt auch das Uhren-Orchester einen Dirigenten, der den Takt vorgibt.

Diese Rolle spielt der SCN, der vor allem folgende dirigistische Aufgaben hat:

- Er stimmt die inneren Uhren aufeinander ab, denn es können nicht alle gleichzeitig aktiv sein und manche Funktionen schließen sich gegenseitig aus. So können zum Beispiel körperliche Aktivität und Verdauungsarbeit nur abwechselnd geleistet werden.

- Er synchronisiert die inneren Uhren mit der Außenwelt über die Zeitgeber, die er im Laufe eines Tages erhält. Hier spielt das Licht eine entscheidende Rolle.

- Er verhindert nach Möglichkeit Störungen der rhythmischen Abläufe, damit zum Beispiel eine durchwachte Nacht die inneren Uhren nicht komplett durcheinanderbringt.

Wie aber arbeitet der SCN? Wenn Licht auf spezielle Fotorezeptoren in der Netzhaut des Auges fällt, so bildet sich das fotosensitive Pigment Melanopsin. Dieses Signal wird über die Nervenfortsätze spezieller Ganglien zum SCN geleitet. Der SCN verarbeitet diese „Lichtinformation" und sendet Synchronisierungssignale an die nachgeordneten zirkadianen Uhren, die zum Beispiel den Schlaf-Wach-Rhythmus regulieren.

Vor allem die Zirbeldrüse (Epiphyse) ist auf die Informationen des SCN angewiesen, deshalb spricht man vom „Zirbeldrüse-SCN-System".

Die Zirbeldrüse besteht zum größten Teil aus sekretorischen Nervenzellen und Gliazellen. Durch die Licht-Signale des SCN „weiß" die Zirbeldrüse, wann es Zeit ist, das Hormon Melatonin zu synthetisieren und auszuschütten. Das bedeutet, je länger der SCN über das Auge Lichtsignale empfängt, desto später beginnt die Melatoninproduktion.

Die Bedeutung dieses Systems für unsere Gesundheit und Leistungsfähigkeit kann gar nicht hoch genug eingeschätzt werden.

Nobelpreiswürdig

Lange Zeit schenkte die Medizin den biologischen Rhythmen und ihrer Bedeutung für Gesundheit und Leistungsfähigkeit wenig Beachtung, wenn auch die junge Wissenschaft der Chronobiologie bereits beachtliche Ergebnisse hervorbrachte.

Doch spätestens als 2017 der Nobelpreis für Medizin/Physiologie an die drei Forscher Jeffrey C. Hall, Michael Rosbash und Michael Young ging, änderte sich das. Diesen US-amerikanischen Wissenschaftlern gelang es, den molekularen Mechanismus der inneren Uhren zu entschlüsseln.

Sie isolierten das period Gen und untersuchten, wie es in der Zelle arbeitet. Dabei lernten die Forscher zunächst von der Fruchtfliege. Erst später konnten die Ergebnisse auch beim Menschen reproduziert werden.

Die molekularen zirkadianen Uhrwerke bestehen aus einem Netz von Genen und Proteinen, die sich gegenseitig aktivieren oder abschalten und somit die Funktion unserer Organe und die Biochemie der Zellen beeinflussen.

Gene enthalten Anleitungen zur Herstellung von Eiweißen. Das Gen period produziert das Protein period (PER), dessen Konzentration analog zum Tag-Nacht-Rhythmus schwankt. PER wird außerhalb des Zellkerns im Zytoplasma produziert. Um an das Genmaterial im Zellkern zu gelangen, braucht PER Unterstützung. Die Forscher entdeckten ein weiteres Uhren-Gen, timeless genannt. Dieses wiederum codiert das TIM-Protein. Wenn TIM und PER sich verbinden, können sie in das Innere des Zellkerns vordringen, um das period Gen zu blockieren.

Der Kreislauf wird am Morgen in Gang gesetzt, indem eine Boten-RNA aus dem SCN über die Aktivatorproteine BMAL1 und Clock die period Gene anschaltet. Während des Tages steigt die Konzentration der PER- und TIM-Proteine an, bis sie am Abend wieder in den Zellkern zurückwandern, wo sie das period Gen blockieren bis zum nächsten Morgen.

Was sind Zeitgeber und welche Rollen spielen sie?

Der Begriff „Zeitgeber" wurde bereits während der Andechser Versuche von Jürgen Aschoff geprägt und wird seitdem international in der deutschen Schreibweise benutzt.

Zeitgeber sind Reize der Außenwelt, die regelmäßig auftreten oder sich verändern und dabei endogene biologische Rhythmen aufeinander abstimmen.

Diese Zeitgeber benötigen wir, um uns auf den irdischen 24 Stunden Tag einzuschwingen.

Die wichtigsten Zeitgeber sind:

- das Licht, wobei die Lichtstärke und Lichtfarbe eine Rolle spielen

- Mahlzeiten

- soziale Kontakte

- ein geregelter Tagesablauf

Da das Licht der wichtigste Zeitgeber ist, werden wir uns damit noch gesondert beschäftigen.

Zusammensetzung und Zeitpunkt einer Mahlzeit sind als Zeitgeber eng mit dem geregelten Tagesablauf gekoppelt. Der echte Hunger ist ein rhythmisches Körpersignal, das uns auffordert, Nährstoff-Nachschub aufzunehmen. Dieses Signal empfangen wir während der Wachzeit etwa alle 4 bis 6 Stunden. Im Schlaf ist dagegen unser Sättigungshormon Leptin aktiv und verhindert, dass wir nachts vor Hunger aufwachen. Wenn wir gelernt haben, unsere Körpersignale wahrzunehmen und richtig zu deuten, sagt uns unser Organismus meist auch, welche Nährstoffe er jetzt gerade braucht. Vielleicht kennen Sie bestimmte Gelüste nach etwas Saurem oder Süßem; manchmal vermag uns Kuchen nicht zu locken, da unser Körper etwas Handfestes mit Eiweiß benötigt.

Der Lebensstil vieler Menschen ist heute jedoch weniger an einem geregelten Tagesablauf und einem klaren Mahlzeiten-Schema ausgerichtet. Gegessen wird dann, wenn gerade Zeit ist, sich Appetit regt oder wenn man gerade an einer FastFood-Station vorbeikommt. Hinzu kommen oft Snacks am Arbeitsplatz oder vor dem Fernseher. So hat das Hungersignal gar keine Chance mehr, sich bemerkbar zu machen. Manche Menschen wissen nicht mehr, wie sich echter Hunger äußert und verwechseln Appetit oder Durst mit Hunger.

Da auch unser Stoffwechsel mit den Verdauungsorganen, vor allem dem Mikrobiom im Darm und den ausgeschütteten Verdauungssäften rhythmisch arbeitet, steht die Essensaufnahme oft im Widerspruch zum Takt unserer inneren Uhren mit weitreichenden Folgen für Wohlbefinden, Schlafqualität und Gewicht.

Damit das Essen uns nicht nur gut nährt und gesund und leistungsfähig hält, hat sich das Drei-Mahlzeiten-Schema ohne Snacks zwischendurch bewährt. Wann die einzelnen Mahlzeiten eingenommen werden, hängt auch von Ihrem Chronotyp ab. Sicher kennen Sie die Regel: morgens essen wie ein Kaiser, mittags wie ein König und abends wie ein Bettelmann. Das ist generell zwar sinnvoll; wenn Sie jedoch als Chronotyp eine ausgesprochene „Eule" sind, wird Ihnen morgens der Sinn eher nicht nach einem opulenten Frühstück stehen. Abends dagegen brauchen Sie eine richtige Mahlzeit und nicht nur einen kargen Happen. Das ist auch völlig in Ordnung und im Einklang mit Ihren biologischen Rhythmen. Für den Schlaf-Wach-Rhythmus ist es förderlich, wenn zwischen der letzten Mahlzeit und dem Zubettgehen ein Zeitfenster von mindestens drei Stunden liegt. Da ein Spättyp in der Regel ohnehin nicht um 22:00 Uhr zu Bett geht, muss das Abendessen auch nicht, wie oft propagiert, bereits vor 19:00 Uhr eingenommen werden.

Wie wichtig Essen und ein regelmäßiger Tagesablauf als Zeitgeber sind, merken vor allem Schichtarbeiter, die dann essen und schlafen sollen, wenn ihre inneren Uhren nicht darauf eingestellt sind. Diese Desynchronisation kann zu massiven Stoffwechselstörungen führen und vermindert häufig Schlafdauer und Schlafqualität.

Dass soziale Kontakte, also Gespräche und Begegnungen mit anderen Menschen, wichtige Zeitgeber sind, hat man lange unterschätzt. Auch hier brachten die Andechser Versuche einige Erkenntnisse. In Gruppenuntersuchungen zeigte sich, dass zusammenlebende Menschen ihre Rhythmen einander anpassen. Aber auch die Aussicht auf einen bedeutsamen sozialen Kontakt, wie das Treffen mit Freunden, fungiert als wirksamer Zeitgeber.

Diese Erkenntnis ist vor allem für ältere alleinlebende Menschen von Bedeutung, bei denen die inneren Uhren ohnehin schwächer ticken. Diese Menschen verbringen mehr Zeit alleine in der Wohnung als jüngere. Dadurch können zwei Zeitgeber gleichzeitig weniger wirken: das Tageslicht und die sozialen Kontakte. Die mangelnden sozialen Kontakte und der kaum noch strukturierte Tag können dazu führen, dass die inneren Uhren völlig aus dem Takt geraten und die älteren Menschen desynchronisieren. Erste Anzeichen sind oft Schlafprobleme. Wird dann die vermeintliche Schlafstörung, die eigentlich eine Schlaf-Wach-Rhythmusstörung ist, mit Schlafmitteln angegangen, verstärkt sich das Problem. Hinzu kommt die Sturzgefahr durch schlafmittelbedingte Desorientierung noch am Tage (Hangover). Diese Unsicherheiten können soziale Kontakte und Außer-Haus-Aktivitäten weiter einschränken. Ein circulus vitiosus kommt in Gang. Eine kompetente Beratung zu Schlaf und den Zusammenhängen einer Schlafstörung mit den chronobiologischen Rhythmen wäre hier eine sinnvolle Maßnahme. Dadurch könnte die Lebensqualität vieler älterer Menschen deutlich verbessert werden. Als positive Nebenwirkung einer solchen Intervention ist die Reduktion von Folgeerkrankungen zu sehen, die im schlimmsten Falle zu Pflegebedürftigkeit führen können.

Die Rolle des Lichtes näher beleuchtet

Schon vor Jahrtausenden galt die Sonne als gesundheitsförderlich. Auch die im 18. Jahrhundert aufkommende naturwissenschaftlich orientierte Medizin empfahl Sonnenbäder gegen Tuberkulose und Hauterkrankungen, Fettsucht oder Erschöpfung. Literaturliebhaber mögen sich an die Szenen im Davoser Sanatorium im „Zauberberg" von Thomas Mann erinnern. Vor allem nutzte man schon damals die Heilkraft der Sonne gegen Depressionen.

Die beiden wichtigsten physikalischen Maße für das Licht sind Lux und Lumen. In normal beleuchteten Innenräumen beträgt die Beleuchtungsstärke etwa 100 – 300 Lux und in Büroräumen nahe dem Fenster etwa 300 – 400 Lux. In Großraumbüros sind nach dem Bundesarbeitsschutz-Gesetz etwa 1.000 Lux vorgeschrieben. Selbst an einem wolkigen Wintertag erzeugt die nicht sichtbare Sonne noch 1.500 – 2.500 Lux, an einem hellen Sommermittag aber durchaus 80 – 100.000 Lux. Tageslicht, auch bei bedecktem Himmel, ist also immer noch deutlich heller als die übliche Innenraumbeleuchtung.

Unser Lichtproblem heute ist, dass wir tagsüber oft zu wenig Licht haben, um die Zeitgeberfunktion optimal zu nutzen, und am Abend zu viel Licht auf uns einwirkt. Dabei sind vor allem Blaulicht emittierende elektronische Geräte am Abend rhythmusstörend, da sie die Melatoninausschüttung blockieren.

Auch außerhalb der skandinavischen Länder ist mittlerweile der Nutzen der Lichttherapie vor allem bei Depressionen, Schlafstörungen und Störungen der chronobiologischen Rhythmen anerkannt, wenn auch – in Deutschland – in der Regel nicht als Leistung der gesetzlichen Krankenkassen.[1] Lichttherapie bedeutet, dass sich jemand über eine bestimmte Zeit einem künstlichen Licht von mindestens 2.500 Lux aussetzt. Da die Netzhaut im Auge bestimmte Lichtanteile nicht verträgt, filtert man bei Therapie-Speziallampen UV- und Blaulichtanteile heraus. Das verwendete „weiße" Licht entspricht dem Farb-spektrum des Sonnenlichtes. Solarien sind für die Lichttherapie nicht geeig-net, da der hohe UV-A Anteil zwar zur Bräunung der Haut führt, jedoch das Auge schädigt. Deshalb werden während der Besonnung im Solarium auch Lichtschutzbrillen getragen.

Wird bei Depressionen, Schlaf-Wach-Rhythmusstörungen oder anderen Indi-kationen Lichttherapie eingesetzt, so wird der beste Effekt durch eine Behandlung unmittelbar nach dem Erwachen erzielt, um die Produktion des Schlafhormons Melatonin zu bremsen, das „Wohlfühlhormon" Serotonin zu locken und den Stoffwechsel anzuregen. Bei 10.000 Lux reicht eine „Lichtzeit" von 30 Minuten, bei 2.500 Lux sollten es schon zwei Stunden sein. Die Augen sollten dabei geöffnet sein, damit das Licht auch auf die Netzhaut fallen kann.

Eine Lichttherapie, vor allem bei der Winterdepression, ist immer als Lang-zeitmaßnahme zu sehen. Sie ist auch zu erwägen bei Schlafstörungen, dem NON24-Syndrom, Jet-Lag, Altersdepression und Störungen der inneren Uhren bei Schichtarbeit.

In Eigeninitiative oder zusammen mit dem Arbeitgeber kann auch eine Tages-lichtlampe auf dem Schreibtisch oder Frühstückstisch aufgestellt werden. Mittlerweile gibt es dazu handliche Lampen im Fachhandel.

Auch Parkinson-Patienten können von Lichttherapie profitieren. Hier wirkt das Licht wie ein Metronom für die inneren Uhren, die durch die Erkrankung aus dem Takt geraten sind.

---

[1] Abzugrenzen sind hier Lichttherapien von Hauterkrankungen, die mit einem anderen Lichtspektrum arbeiten.

Mittlerweile stehen auch LED-Leuchtsysteme zur Verfügung, deren Helligkeit und Farbspektrum individuell programmiert werden können, so dass der natürliche Tag-Nacht-Zyklus simuliert werden kann.

Wenn Sie nachts öfter aufwachen, zum Beispiel durch Harndrang, so würde ein helles Badezimmerlicht die Melatoninproduktion senken. Das erschwert das Wiedereinschlafen. Installieren Sie auf dem Weg zur Toilette am besten Lampen, die durch einen Bewegungssensor aktiviert werden und nur zum Boden strahlen.

Obwohl man lange dachte, dass Licht nur direkt über die Augen wirken kann, haben Versuche bewiesen, dass Licht auch über die Haut wirkt. Ein Lichtbad ist daher wie eine intuitive Selbstbehandlung gegen schlechte Stimmung.

Die ganzheitliche Wirkung des Lichtes wird in dieser Graphik deutlich. Das Licht wirkt sowohl über die Haut wie auch über das Auge und das SCN-System auf die Hypophyse. So wird der Zusammenhang deutlich zwischen den chronobiologischen Zeitgebern, Neurotransmitter- und Hormonausschüttung, Stoffwechsel und Immunsystem und nicht zuletzt auch der Stimmung und Leistungsfähigkeit.

Im rechten Teil der Grafik werden die allgemein bekannten Funktionen der optischen Wahrnehmung gezeigt, die aber deutlich weniger komplex sind. Die große Bedeutung von Licht in Verbindung mit dem SCN-System ist vielen Menschen nicht bewusst.

Der Faktencheck zum Licht:

Aufnahme und Verarbeitung des Lichtes:

- Stäbchen- und Zapfenzellen im Auge – Schwarz-Weiß und Kontrastsehen, Farbwahrnehmung

- Retinale Ganglienzellen (Melanopsin) – Kooperationspartner des SCN-Systems – größte Empfindlichkeit bei einer „Lichttemperatur" von etwa 440 nM

- Haut – Zellen im Unterhautfettgewebe (Vitamin D) – Hämoglobin in oberflächlichen Gefäßen

Messung des Lichtes:

- Lichtstrom – die von einer Lichtquelle in alle Richtungen insgesamt ausgestrahlte Lichtleistung: Maßeinheit **Lumen**

- Beleuchtungsstärke – Maß für die Helligkeit des auf eine Fläche auftreffenden Lichtes: Maßeinheit **Lux**

- Farbtemperatur des Lichtes – hängt von der Wellenlänge ab, grundsätzlich lässt sich jeder Wellenlänge eine bestimmte Farbe zuordnen. Maßeinheiten: Farbtemperatur **Kelvin (K)**; Wellenlänge **nM**. Beispiel: kaltweißes Licht = ca. 6.300 K, warmweißes Licht = ca. 3.000 K.

Alles ist Rhythmus

Jede Zeitstruktur auf der Erde hat astronomisch-geographische Ursachen und ist rhythmisch organisiert. Tag und Nacht kehren regelmäßig und im gleichen Abstand wieder, ebenso wie der etwa sechsstündige Ebbe- und Flut-Zyklus und die Jahreszeiten in Gebieten mit unterscheidbaren Jahreszeiten. Die Zeit auf der Erde ist relativ und zyklisch. Unser Grundmaß für die Zeit auf der Erde ist das, was man den astronomischen Tag nennt. Dieser umfasst einen Zeitraum von 24 Stunden, die Zeit einer Erdumdrehung, und beginnt um Mitternacht.

Die rhythmische Schwingungsdauer, also die Zeit, die notwendig ist, um einen Zyklus einmal vollständig zu durchlaufen, ist also höchst unterschiedlich.

Beispiele für die große Bandbreite sind der nur wenige Sekunden dauernde Atemrhythmus und der mehrere Monate dauernde Jahreszeitenzyklus.

Elementare Rhythmen im Körper des Menschen

Der menschliche Organismus funktioniert nach verschiedenen Rhythmen, die nach ihrer Schwingungsdauer als **zirkadian, ultradian und infradian** bezeichnet werden.

Rhythmen wie Schlafen und Wachen oder die Veränderung der Körpertemperatur, die sich regelmäßig alle 24 Stunden wiederholen, werden als **zirkadian** bezeichnet (circa, lat. „ungefähr", dies, lat. „Tag"). Viele Hormone und Neurotransmitter werden in einem 24-Stunden-Zyklus ausgeschüttet. Der für den Menschen offensichtlichste zirkadiane Rhythmus ist der Schlaf-Wach-Rhythmus.

Rhythmen von wenigen Stunden oder gar nur Minuten oder Sekunden heißen **ultradian** (ultra, lat. „über"), da ihre Häufigkeit über der zirkadianen liegt. Beispiele für ultradiane Rhythmen sind Herz-, Hirn- und Atemtätigkeit oder die Veränderung des Blutdrucks. Der Blutdruck hat zwei Tiefpunkte, einen gegen drei Uhr nachts und einen am frühen Nachmittag. Die Blutdruckgipfel dagegen sind am Morgen sowie mit etwas weniger Ausschlag am Abend. Es ist also durchaus relevant, wann der Blutdruck gemessen wird.

Auch unsere Leistungs- und Konzentrationsfähigkeit unterliegt mehreren Schwankungen am Tage. Beachtenswert für unsere Leistungsfähigkeit ist der ultradiane Aufmerksamkeitszyklus von etwa 90 Minuten. Es macht deshalb Sinn, spätestens nach 90 Minuten eine Schaffenspause einzulegen und sich zu entspannen oder ein wenig zu bewegen. Die Unterhaltungsindustrie hat diesen Aufmerksamkeitszyklus längst verinnerlicht, oder warum dauern Fernsehfilme und Fußballspiele wohl 90 Minuten?

Rhythmen mit einer geringeren Häufigkeit als 24 Stunden bezeichnet man als **infradian** (infra, lat. „unter"). Ein Beispiel hierfür ist der weibliche Menstruationszyklus. Ein spezieller infradianer Rhythmus ist der Zirkaseptan-Rhythmus, der bei verschiedenen Krankheiten beobachtet wurde. So verlaufen vor allem Infektionskrankheiten mit Fieber zirkaseptan, also in einem Sieben-Tage-Rhythmus. Zirkannuale-Rhythmen, also Jahresrhythmen, treten in Regionen mit einem Wechsel der Jahreszeiten auf. So ist dort, wo es Jahreszeiten gibt, die Körpertemperatur der Menschen im Herbst und Winter etwas niedriger als im Sommer. Im Winter ist besonders im Norden, wo die Dunkelphasen sehr lang sind, die Stimmung der Menschen häufig niedergedrückt. Auch am Tage ist noch Melatonin im Blut und Speichel messbar und die Schlafdauer erhöht sich leicht gegenüber den Sommermonaten mit seinen langen Tageslichtphasen. Um Licht ins Dunkel der sehr kurzen Wintertage zu bringen, ist die Therapie mit Tageslichtlampen in Skandinavien bereits seit langem etabliert.

Jede Körperfunktion hat ihre Zeit

Unsere Organe folgen ihrem eigenen 24-Stunden-Rhythmus, den man auch als Organuhr bezeichnen könnte. In dieser Zeit sind unterschiedliche biologische Vorgänge im Körper aktiv oder pausieren. Auch unser Gehirn unterliegt diesen Rhythmen, das bedeutet, wir sind nicht zu jeder Uhrzeit gleich kreativ oder leistungsfähig. Der Rhythmus unserer Konzentrationsfähigkeit verläuft in etwa 90-Minuten Wellen, in etwa so lang wie auch ein Schlafzyklus ist, der aus Leichtschlaf, Tiefschlaf und REM-Schlaf besteht. Die Funktionen der Organsysteme werden so ideal aufeinander abgestimmt.

Aber nicht nur unsere physische und mentale Leistungsfähigkeit ist rhythmisch organisiert, dies gilt auch für Schmerzempfinden und Verdauungstätigkeit. Die folgende Tabelle gibt Ihnen dazu einen Überblick. Je nach Ihrem individuellen Chronotyp (Lerche, Eule) und Ihren Zeitgebern können die genannten Zeiten für Sie etwas abweichen. Eulen tun sich oft schwer mit einem frühen Frühstück und müssen sich deshalb nicht dazu zwingen. Der grobe Zeitplan ermöglicht Ihnen jedoch bereits einen Eindruck, ob Ihr Lebensstil im Einklang mit Ihren inneren Uhren steht. Am besten nehmen Sie zum Abgleich auch Ihr Tagesjournal zur Hand, das Sie im Anhang finden. Oft sind nur kleine Korrekturen nötig, um die Balance wieder herzustellen. Bei vielen Menschen betreffen die Korrekturen vor allem das Mahlzeitenschema, die Lichtexposition und Zeiten für Sport und Bewegung. Diese Korrekturen können jedoch große Auswirkungen auf Ihre Vitalität, Leistungsfähigkeit und Ihren Stoffwechsel haben.

Ab 6 Uhr	Der Körper erhält Signale für den Start in den Tag. Der Kreislauf kommt in Gang. Cortisol- und Blutzuckerspiegel steigen, während die Melatoninausschüttung versiegt. Der Herzschlag wird beschleunigt und der Blutdruck steigt an. Sexualhormone werden vermehrt ausgeschüttet. Die Niere ist besonders aktiv und sorgt für Harndrang. Zwischen 6 Uhr und 8 Uhr rüsten sich viele berufstätige Menschen für den Arbeitstag.
Gegen 8 Uhr	An arbeitsfreien Tagen steht der Durchschnittsmensch jetzt auf. Der schnelle Anstieg von Körpertemperatur und Blutdruck lässt die Müdigkeit auch ohne Wecker weichen. Die Cortisolwerte erreichen ihren Tageshöchstwert. Das Verdauungssystem ist jetzt aktiv, deshalb wäre dies eine gute Zeit für das Frühstück.
8 Uhr bis 10 Uhr	Puls und Blutdruck erreichen ihren Höhepunkt (sollte bei Messungen immer berücksichtigt werden). Für Migränepatienten ist jetzt die Gefahr besonders groß, einen Migräneanfall zu erleiden. Die Leistungskurve steigt an und alle Systeme stehen auf „grün".
10 Uhr bis 12 Uhr	Die beste Zeit für hochproduktives Arbeiten und schwierige Denkaufgaben. Das Gehirn ist gut durchblutet, das Kurzzeitgedächtnis ist in Hochform, allerdings ist auch die Schmerzempfindlichkeit hoch (Zahnarztbesuch?). Leistungsfördernde Botenstoffe wie Adrenalin und Serotonin werden ausgeschüttet. Spätestens jetzt ist die Zeit, viel Tages- oder Sonnenlicht als Zeitgeber aufzunehmen.
12 Uhr bis 13 Uhr	Der Hunger meldet sich. Der Magen produziert verstärkt Magensäure und die Leber stellt Verdauungsenzyme bereit. Der richtige Zeitpunkt für die Mittagsmahlzeit mit anschließender kleiner Ruhepause.
13 Uhr bis 14 Uhr	Das Mittagstief erfordert ein Herunterfahren der Aktivitäten. Aufmerksamkeit, Blutdruck und Leistungsbereitschaft sinken ab. Eine kleine Siesta, Entspannungsübungen oder ein kurzer Spaziergang wären jetzt gut.

14 Uhr bis 18 Uhr	Der zweite Leistungsgipfel des Tages. Koordinations- und Reaktions-vermögen liegen deutlich über dem Tagesdurchschnitt. Diese Zeit ist also gleichermaßen für geistige wie körperliche Arbeit ideal. Gleich-zeitig ist das Schmerzempfinden gegen 15 Uhr besonders niedrig. Ein guter Zeitpunkt für einen schmerzhaften Zahnarzttermin.
18 Uhr bis 19 Uhr	Körpertemperatur, Atemfrequenz und Blutdruck sind jetzt hoch. Deshalb ist dies eine gute Zeit für sportliche Aktivitäten. Der Feierabenddrink sollte aber noch warten, denn die Leber ist eher gering durchblutet.
20 Uhr	Der Magen produziert verstärkt Magensäure. Der Körper bereitet sich auf die nächtliche Ruhepause vor. Idealerweise sollte jetzt die letzte Mahlzeit des Tages verzehrt sein.
20 Uhr bis 22 Uhr	Die Melatoninausschüttung beginnt, Körper- und Verdauungs-funktionen nehmen ab. Der Körper ist auf Entspannung eingestellt. Je länger es im Sommer draußen hell ist, desto später startet die Melatoninproduktion. Schmerzempfindlichkeit ist besonders hoch.
22 Uhr bis 24 Uhr	Zeit zum Schlafengehen. Wer jetzt noch mit einem hellen Bildschirm arbeitet, behindert die Melatoninausschüttung. Die Produktion von Adrenalin lässt nach, Herzschlag, Atmung und Körpertemperatur wer-den heruntergefahren. In der 1. Nachtschlafhälfte treten vermehrt Tiefschlafphasen auf. Im Tiefschlaf werden Wachstumshormone ausgeschüttet, die Zellen regenerieren sich und das Immunsystem wird gestärkt. Die erste Nachtschlafhälfte muss nicht zwingend vor Mitternacht liegen.
3 Uhr bis 4 Uhr	Alle Körperfunktionen laufen auf Sparflamme. Temperatur, Puls, Blutdruck und Atemfrequenz sind am niedrigsten. Die Leistungsfähig-keit hat ihren Tiefpunkt erreicht. Sollten Sie arbeiten müssen um diese Zeit, ist jetzt besondere Vorsicht angesagt.
5 Uhr bis 6 Uhr	Das Aufwachen wird vorbereitet und der Schlaf wird leichter. Die Ausschüttung von Botenstoffen wie Cortisol oder Katecholaminen beginnt. Die Urinproduktion läuft auf Hochtouren.

Von Eulen, Lerchen und anderen Tieren

Als Oscar Wilde einmal um ein Treffen um 9 Uhr morgens gebeten wurde, soll er gesagt haben: „So lange kann ich nicht aufbleiben. Ich gehe meist schon um 5 Uhr zu Bett." Der irische Schriftsteller war ein ausgeprägtes Exemplar einer Eule. In der heutigen klassischen Arbeitswelt hätte er wohl ein Problem gehabt.

Der Chronotyp ist vor allem genetisch geprägt und kann nicht komplett verändert werden. Dennoch halten sich hartnäckig einige „Volksweisheiten" wie: „Am Abend wird der Faule fleißig" oder „Morgenstund hat Gold im Mund" oder auch „Der frühe Vogel fängt den Wurm". Wer mit dem ersten Hahnenschrei quietschfidel aus dem Bett springt und sich sofort den Herausforderungen des Tages stellt, dem wird Respekt gezollt. Der Morgenmuffel, der seine volle Leistungsfähigkeit erst am späten Vormittag abrufen kann, gilt schnell als Faulpelz. Diese Einstellungen sind stark moralisch grundiert, wie schon ein „Sittenhandbuch" von 1703 zeigt. Hier schreibt Jean-Baptiste de La Salle: „Es ist schändlich und verwerflich, wenn uns die Sonne bei ihrem Aufgang noch im Bett vorfindet".

In Europa gehören etwa 60% der Menschen dem Chronotyp „**Eule**", also dem Spättyp, an. Bei diesen Menschen ist die biologische Schlafenszeit beim frühen Klingeln des Weckers noch nicht beendet. Die Aufforderung, doch früher zu Bett zu gehen, läuft ins Leere, da Spättypen nicht früher einschlafen können, wenn sie früher zu Bett gehen. So müssen Spättypen mit dieser für sie schwierigen Außenzeit leben und befinden sich während der Arbeitswoche im sozialen Jetlag.

Bei den Eulen ist der Schlaf-Wach-Rhythmus zurückverlegt, während die von den inneren Uhren gesteuerte Periodik beim Chronotyp „**Lerche**", also dem Frühtyp, kürzer ist. Aus diesem Grund möchte die Lerche gerne früher schlafen gehen, ist aber als Frühaufsteher morgens besonders leistungsfähig.

Damit ist die Lerche das Ideal unserer Arbeitswelt.

Nicht bei jedem Menschen ist der Chronotyp gleich stark ausgeprägt. So spricht man auch von moderaten und leichten Eulen oder Lerchen. Diese Menschen sind zwar in ihren Rhythmen als Früh- oder Spättyp ausgerichtet, können sich aber in der Regel mit einem nur kleinen „sozialen Jetlag" an die Gegebenheiten der Arbeitswelt anpassen. Bei den Eulen und Lerchen sind es jeweils etwa 10%, die zu den extremen Spät- oder Frühtypen zählen. Extreme Eulen finden sich häufig bei Freiberuflern, die weniger an feste Arbeitszeiten gebunden sind.

Im großen Mittelfeld finden sich die Menschen, die zwar nach der genetischen Ausprägung eher Eulen oder Lerchen sind, die sich jedoch gut mit den üblichen Arbeitszeiten arrangiert haben. Diese gut angepassten „Normaltypen" werden gelegentlich als **„Kolibri"** oder **„Taube"** bezeichnet. Besonders bei den adaptierten Eulen kann das Wochenende mit langem Schlafen, um das während der Woche angesammelte Defizit auszugleichen, leicht zu einer Desynchronisationsfalle mit nachfolgenden Schlafstörungen werden, die nur erfolgreich angegangen werden können, wenn man zurück zu den chronobiologischen Wurzeln dieser Störung geht.

Wie lange dagegen ein Mensch schläft, sofern nicht der Wecker dazwischenfunkt, ist nicht primär vom Chronotyp abhängig. Der Chronotyp bestimmt lediglich den Zeitpunkt des Einschlafens.

Anpassungen des Chronotyps über die Lebensspanne

Bereits Neugeborene besitzen eine innere Uhr, dennoch fehlt ihnen zum Leidwesen der Eltern noch ein festes Muster von Wachen und Schlafen. Den Reifeprozess der inneren Uhr können Eltern unterstützen, indem sie die Lichtverhältnisse im Babyzimmer den Tageszeiten anpassen. Spätestens mit fünf Jahren hat das Kind bei Schlafen und Wachen einen klaren 24-Stunden-Rhythmus erreicht mit etwa zehn bis zwölf Stunden Nachtschlaf und einem Kurzschlaf am Nachmittag.

Kinder bis zur Pubertät verfügen über einen sehr stabilen zirkadianen Rhythmus. Ihr Schlaf ist perfekt mit der Körpertemperatur und den übrigen Rhythmen synchronisiert. Man sollte Schulkindern also keinen Mittagsschlaf aufzwingen, der in diesem Alter den biologischen Rhythmen zuwiderläuft.

Mit der Pubertät vollzieht sich eine Änderung des biologischen Chronotyps. Die Heranwachsenden werden zu Nachteulen, die lange wach bleiben können (und auch wollen) und morgens gerne lange schlafen. Diese Veränderung hat ihre Ursache nicht nur darin, dass die Jugendlichen gerne am späten Abend mit elektronischen Geräten beschäftigt sind oder „um die Häuser ziehen". Diese altersgerechten Aktivitäten sind eher die Folge der chronobiologischen

Entwicklung. Untersuchungen, die unter anderem von dem Facharzt für Psychiatrie und Psychotherapie Prof. Ulrich Voderholzer (siehe Literatur „Wake up", 2014) durchgeführt wurden, zeigen, dass nur 8% der Jugendlichen unter der Woche so viel schlafen, wie es den gängigen Empfehlungen entspricht. Neunt- und Zehntklässler schlafen während der Woche täglich fast 2 Stunden weniger als sie sollten, nämlich etwa 9 Stunden, ist dem Präventionsradar 2018 der DAK Gesundheit zu entnehmen.

In dieser Zeit entspricht der frühe Schulbeginn nicht dem biologischen Rhythmus der Teenager und macht die frühen Unterrichtsstunden zu einer schlechten Lernzeit. Chronobiologen, wie Till Roenneberg von der LMU München (Siehe Literatur „Wie wir ticken", 2012), fordern deshalb schon seit Jahren, den Unterricht für diese Altersgruppe frühestens um neun Uhr beginnen zu lassen, wie es in angelsächsischen Ländern längst üblich ist.

Im frühen und mittleren Erwachsenenalter verlaufen die zirkadianen Rhythmen über lange Zeit stabil. Das Hauptproblem der klassischen Abendtypen während dieser Periode ist häufig Schlafmangel, wenn die Arbeitszeiten nicht kompatibel mit ihrem biologischen Rhythmus sind.

Mit dem Älterwerden verlagern sich die zirkadianen Rhythmen nach vorne. Der ältere menschliche Organismus bereitet sich durch die Erhöhung der Körpertemperatur und die Kortisolausschüttung früher auf das Aufstehen vor als der jüngere. Menschen ab etwa fünfundsechzig Jahren benötigen pro Nacht außerdem etwas weniger Schlaf als in jungen Jahren. Das frühere Erwachen wird im Volksmund gerne als „senile Bettflucht" bezeichnet.

Je älter wir werden, umso mehr verwischen die Unterschiede, die der Körper zwischen Tag und Nacht macht. Die innere Uhr wird störanfälliger, oft verstärkt durch das Fehlen von Zeitgebern.

Wer den Alltag im Alter nicht mehr klar zu strukturieren vermag und kaum soziale Kontakte zu seinen Mitmenschen pflegt, ist besonders von der fortschreitenden Auflösung des Schlaf-Wach-Rhythmus betroffen. Auch häufige Schlafperioden am Tage vermindern den Schlafdruck am Abend und fördern die Desynchronisation.

Neben der Pflege von menschlichen Begegnungen kann ein Hund im Alter ein regulierender Faktor, also ein Zeitgeber, für die innere Uhr sein. Er erzwingt eine gewisse Regelmäßigkeit in der Tagesstruktur, gewährt eine höhere Dosis Tageslicht durch das tägliche mehrmalige „Gassigehen" und fördert außerdem soziale Kontakte. Wenn ältere Menschen über zu wenig Schlaf klagen, sollten immer auch die Tagesgewohnheiten betrachtet werden.

Im Anhang finden Sie einen Fragebogen, mit dem Sie selbst Ihren Chronotyp ermitteln können, dazu eine Auswertung und einige Hinweise zu Ihren Handlungsoptionen

Das US-Modell der Chrono-Typologie

In den USA ist das Modell des amerikanischen Schlafforschers Michael Breus weit verbreitet. Er unterscheidet vier Chronotypen: Delfin und Wolf, Löwe und Bär. In seinem Modell werden den Chronotypen auch verschiedene Charaktereigenschaften und Verhaltensweisen zugeordnet. Diese Zuordnungen beruhen auf mehreren internationalen Studien und Befragungen seiner Patienten und Klienten. In Europa konnte sich dieses Modell nicht durchsetzen. Dennoch möchte ich es hier kurz vorstellen.

Delfin: Schläft nur mit einer Hirnhälfte. Die andere Hälfte bleibt wach und reaktionsfähig. Deshalb schwimmt der Delfin auch während des Schlafes. Dieser Chronotyp hat einen leichten Schlaf, ein geringes Schlafbedürfnis, ist eher introvertiert und vorsichtig. Wie der Wolf ist der Delfin ein Spättyp. Etwa 10% der Bevölkerung gehören diesem Typ an.

Wolf: Wölfe jagen nachts und sind deshalb Spättypen. Der Wolftyp hat ein mittleres Schlafbedürfnis, und anders als der Delfin ist er impulsiv und geht gerne Risiken ein. Etwa 15-20% der Menschen werden diesem Chronotyp zugeordnet.

Löwe: Löwen haben ein mittleres Schlafbedürfnis und sind frühe Jäger. Der typische Löwe erwacht voller Tatendrang oft vor Tagesanbruch und kann sofort produktiv sein. Am späten Nachmittag wird er leicht müde und hat kaum Probleme mit dem Einschlafen. Etwa 15-20% der Menschen sollen diesem Chronotyp angehören.

Bär: Bären jagen zu allen Zeiten, sind gute Schläfer und repräsentieren den gut angepassten Chronotyp, den man nach europäischer Skala also als Taube oder Kolibri bezeichnen würde. Bären sind am späten Morgen besonders produktiv. Wie die Löwen achten Bären auf ihre Gesundheit und ihr Wohlbefinden, gelten als freundlich, kommunikativ und aufgeschlossen. Die Bären repräsentieren die größte Bevölkerungsgruppe, nämlich etwa 50%.

Nachtmenschen und Spättypen werden sich nach dieser Typologie eher als Delfin oder Wolf wiederfinden, während Frühmenschen sich als Löwe oder Bär wiedererkennen werden. Wer neugierig ist und mehr über diese Chrono-Typologie erfahren möchte oder vielleicht interessiert an einen Online-Test ist, der findet in der Linkliste am Schluss des Buches den Link zur Seite *thepowerofwhen* mit Online-Test. Nach dem Test erfährt man auch, welche bekannten Menschen ebenfalls dem eigenen Chronotyp angehören. Als Bären gelten zum Beispiel Arianna Huffington und Jeff Bezos.

Die Rolle der Hormone und Botenstoffe

Zu den Botenstoffen, die ebenfalls „Spielmacher" im chronobiologischen Orchester sind, gehören vor allem die Hormone und Neurotransmitter. Botenstoffe sind essenziell für das Zusammenspiel der Zellen in einem Organismus. Hormone werden im Organismus synthetisiert, wirken aber an ganz anderer Stelle als an ihrem Ausschüttungsort. Haben sie ihren Auftrag erledigt, werden sie wieder aufgenommen oder abgebaut und (teilweise) ausgeschieden. Hormone regeln unter anderem unseren Stoffwechsel, die Fortpflanzung und das Wachstum.

Neurotransmitter sind die Botenstoffe des Nervensystems, sie erregen oder hemmen Nervenzellen. Einige Hormone fungieren bei Bedarf auch als Neuro-transmitter. Neurotransmitter werden präsynaptisch ausgeschüttet und docken postsynaptisch an spezifischen Rezeptoren (Schlüssel-Schloss-Prinzip) anderer Neuronen an, wo sie erregend oder hemmend wirken.

Serotonin und Melatonin

Serotonin wird wegen seiner positiven Wirkungen auf Stimmungslage, Aggressivität und Kummer oft auch als Wohlfühlhormon bezeichnet. Für die Bildung von Serotonin ist neben genügend Tageslicht, vor allem am Vor-mittag, auch die Vorstufe L-Tryptophan erforderlich. Diese essenzielle Aminosäure kann nicht vom Körper selbst gebildet werden, sondern muss über die Nahrung aufgenommen werden. Hier zeigen sich einmal mehr die engen Verbindungen zwischen Ernährung, Chronobiologie und Schlaf. Durch

Sport wird vermehrt L-Tryptophan in freier Form zur Verfügung gestellt und damit auch die Serotoninbildung unterstützt. Dass Sport bei der Verbesserung der Stimmung hilft, ist also kein Mythos, andererseits behindert chronischer Stress die Serotoninausschüttung.

Was kann man selbst tun, um die Serotoninbildung zu unterstützen? Besonders wirkungsvoll ist ein morgendlicher Aufenthalt im Freien, idealerweise bei Sonnenschein. Steht der in den Wintermonaten nicht zur Verfügung, so kann eine Tageslichtlampe, zum Beispiel während des Frühstücks, wirksame Unterstützung bieten. Dies gilt nicht nur aber vor allem für Spättypen. Achten Sie auf ein gutes Profil an essenziellen Aminosäuren in Ihrer Nahrung. L-Tryptophan ist enthalten in Parmesankäse, Emmentaler, Milch, Hühnerfleisch, Bananen und Walnüssen.

Da aus Serotonin am Abend Melatonin gebildet wird, kann ein Serotonindefizit nicht nur die Stimmung am Tage, sondern auch den Schlaf in der Nacht beeinträchtigen.

Melatonin wird oft als Schlafhormon oder biologischer Sandmann bezeichnet, was dem Melatonin nicht ganz gerecht wird. Die Wirkung des Melatonins geht über die Schlafförderung hinaus, da dieses Hormon auch als wirksamer Radikalenfänger gilt und die Energieproduktion (Adenosintriphosphat = ATP) in den Mitochondrien stärkt. Melatonin erweitert die peripheren Blutgefäße. So kann der Körper mehr Wärme abgeben und seine niedrigere Schlaftemperatur im Körperinnern erreichen.

Einige Studien zeigten, dass Melatonin die Insulinfreisetzung hemmt und so für einen stabileren Blutzuckerspiegel in der der Nacht sorgt. Ein ausreichend hoher Melatoninspiegel kann den HBA1c Wert bei Typ II Diabetikern deutlich senken.

Das komplexe Zusammenspiel der verschiedenen Faktoren zur Bildung von Melatonin

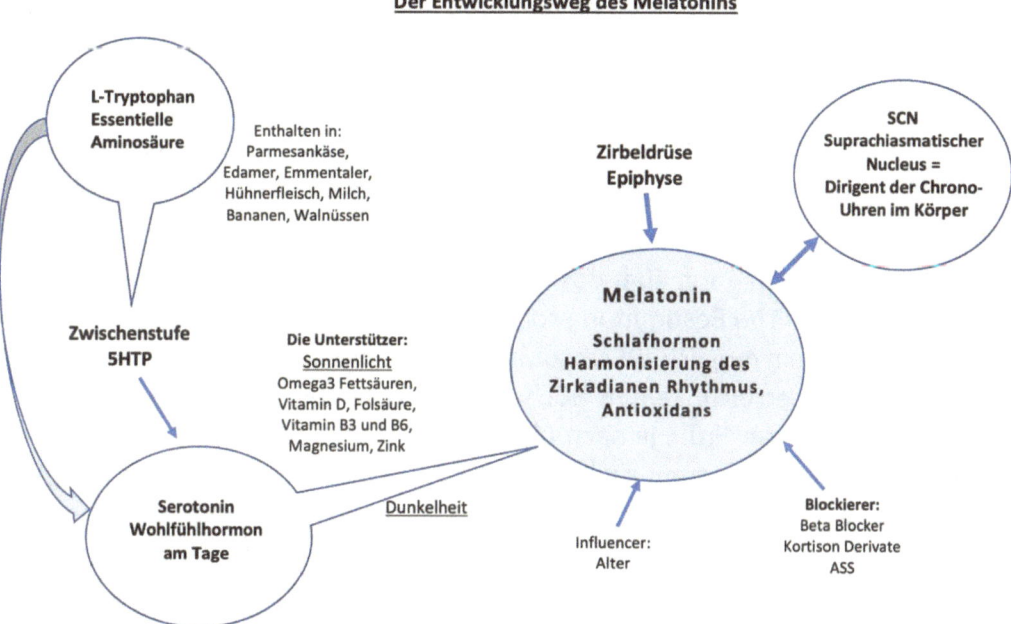

Der Entwicklungsweg des Melatonins

Melatonin hat einige Feinde. Neben dem durch Monitore erzeugten blauen Licht am späten Abend können dies auch Medikamente sein. So behindern zum Beispiel Antiphlogistika die Melatoninausschüttung, und Betablocker blockieren sie. Auch Rauchen behindert die Melatoninproduktion, insbesondere die Zigarette vor dem Schlafengehen ist deshalb, abgesehen von den sonstigen negativen Wirkungen, auch ein Einschlafkiller.

Im Alter sinkt die natürliche Melatoninproduktion, was vermehrt zu Einschlafstörungen und Aufwachzeiten in der Nacht führen kann. Wenn zusätzlich die Zeitgeber Licht und soziale Kontakte eingeschränkt sind, kann der Rhythmus der Serotonin-Melatonin-Produktion aus dem Ruder laufen und zur Desynchronisation der älteren Menschen führen. Eine Beratung zu den Chrono-Rhythmen und Schlaf durch einen ausgebildeten Gesundheitsexperten ist hier hilfreich.

Melatonin wird in der Leber metabolisiert und zu ca. 95% über den Urin ausgeschieden. Wenn Sie überlegen, ob Melatonin Ihnen bei Ihren Schlafproblemen helfen kann, so sollten Sie wissen: Melatonin ist kein klassisches

Schlafmittel, sondern eher ein Chronobiotikum. Das bedeutet, es wirkt über eine Regulation des Schlaf-Wach-Rhythmus als Taktgeber der inneren Uhr. Die Sofortwirkung ist außerdem eine Verbesserung der Einschlafneigung, wenn Melatonin ca. 30 Minuten vor dem Zubettgehen eingenommen wird. Zugeführtes Melatonin wird schnell abgebaut, die Halbwertzeit beträgt 30 bis 50 Minuten.

Zur Prävention eines Jetlags nimmt man das Melatonin am besten vor der voraussichtlichen Schlafenszeit am Zielort ein, beginnend 3 bis 4 Tage vor Abflug.

Der Melatoninwert kann über das Blut, den Speichel oder den Urin bestimmt werden. Eine solche Bestimmung sollte vor einer Substitution vorgenommen werden. Auch ein möglicher Serotoninmangel sollte dabei überprüft werden. Das Melatonin erreicht seinen Höchststand in der Nacht zwischen 0:00 Uhr und 5:00 Uhr in der Früh, je nach Chronotyp, und fällt dann bis zum Morgen auf sein niedriges Tagesniveau ab. Im Winter, wenn die Tageslichtausbeute sehr gering ist, kann auch am Tage noch Melatonin zirkulieren. Umso wichtiger ist im Winter das Licht am Morgen mit mindestens 2.500 Lux.

Was können Sie selbst für eine gute Melatoninausschüttung tun? Sorgen Sie zunächst dafür, dass Ihr Körper genügend Serotonin bilden kann (siehe oben). Achten Sie auf eine gute Versorgung mit den Mikronährstoffen Vitamin D, den Vitaminen B 3 und B 6, Folsäure und Magnesium. Verbannen Sie etwa eine Stunde vor dem Zubettgehen Blaulicht-emittierende elektronische Geräte aus Ihrer näheren Umgebung. Installieren Sie sich für abendliches Arbeiten am Bildschirm einen Blaulichtblocker auf Ihrem Gerät oder tragen Sie am Abend eine Brille mit Blaulichtblocker. Sind Sie bereits älter und ist der gemessene Melatoninspiegel zu gering, so kommt nach Rücksprache mit Ihrem Arzt oder Therapeuten auch eine Melatoninsubstitution in Frage.

Cortisol

Cortisol ist eines unserer wichtigsten Stresshormone, das uns in herausfordernden Zeiten körperliche und geistige Höchstleistungen ermöglicht. Daher müsste es eigentlich Stressschutzhormon heißen. Während das Melatonin des Nachts seinen Höchststand erreicht, hat Cortisol dann seinen

Tiefstand, denn körperliche Höchstleistungen oder das Lösen schwieriger Aufgaben sind zu dieser Zeit nicht gefordert.

Wenn Sie allerdings um diese Zeit wachliegen, macht sich die Melatonin-dominanz bei gleichzeitigem Cortisoltief bemerkbar. Aus kleinen Sorgen werden plötzlich große Probleme, die Mücke wird sprichwörtlich zum Elefanten, der aber am nächsten Morgen wieder verschwindet.

Zwischen 3:00 Uhr und 6:00 Uhr (je nach Chronotyp) beginnt die Nebennierenrinde mit der Cortisolproduktion, das dann ab ca. 6:00 Uhr morgens ausgeschüttet wird, zusammen mit aktivierenden Sexualhormonen. Sex am frühen Morgen ist deshalb chronobiologisch eine gute Idee.

Das Cortisol sorgt dafür, dass Glukose freigesetzt wird, der Blutzuckerspiegel ansteigt, die Blutgefäße erweitert werden und auch der Blutdruck ansteigt. Der Körper schaltet auf Aktivität um.

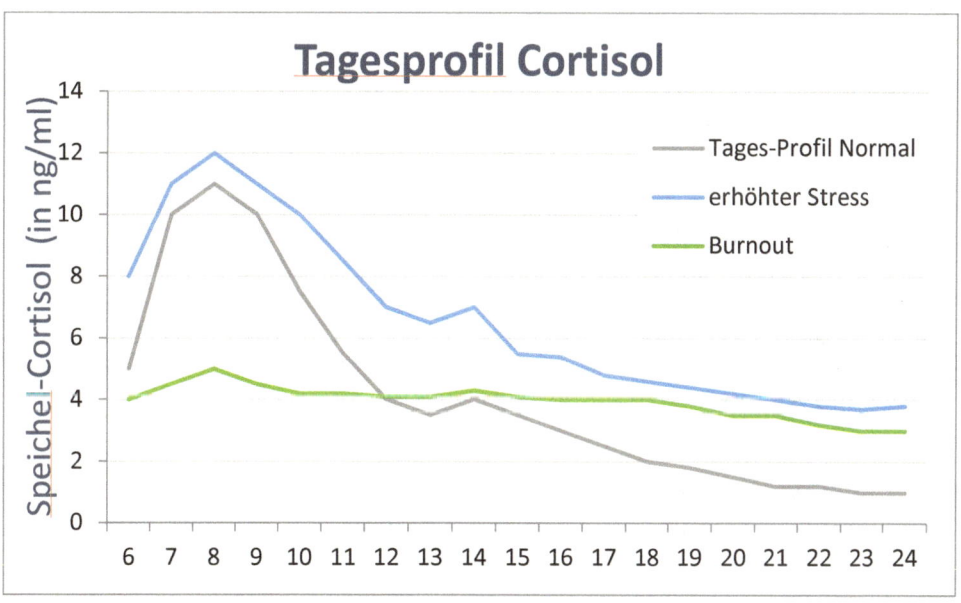

Früh am Morgen ist also ein hoher Cortisolspiegel notwendig, um kraftvoll in den Tag zu starten. Problematisch ist nur ein Zuviel an Cortisol zur falschen Zeit. Ständige Stressbelastung kann zu einem erhöhten Cortisolspiegel zur

Unzeit führen. Diese erhöhte Cortisolkonzentration kann verschiedene zirkadiane Gene beeinflussen. Der Tagesrhythmus der Plasmacortisolkonzentration ist wichtig für die Synchronisation verschiedener physiologischer Parameter. Ein stressbedingter erhöhter Cortisolspiegel am Abend erschwert außerdem das Einschlafen. Eine einmalige Bestimmung des Cortisols zu einer bestimmten Tageszeit ist deshalb nicht ausreichend. Es sollte immer ein Tagesprofil erstellt werden. Cortisol kann im Blut, Urin und Speichel gemessen werden. Mittlerweile gibt es passende Test-Kits, mit denen Sie selbst einen Test über den Speichel durchführen können.

Weitere Botenstoffe mit zirkadianer Rhythmik

Das Steroidhormon Dehydroepiandrosteron (DHEA) wird vor allem in der Nebennierenrinde gebildet und zirkadian ausgeschüttet, wobei der Morgenwert etwa zwei- bis drei Mal höher liegt als der Abendwert. Es gilt als Anti-Stresshormon und als „Jungbrunnen", soll die Stimmung verbessern und ist außerdem die Vorstufe von Östrogen und Testosteron. Ähnlich wie beim Melatonin sinkt die Ausschüttungskapazität im Laufe des Alters. So verfügt ein 80 – 90-jähriger Mensch über 90% weniger DHEA als ein 20-jähriger. Ein Mangel an DHEA führt oft auch zu einem Serotoninmangel. Durch anhaltenden Stress wird der DHEA-Haushalt erheblich gestört.

Auch Insulin, ein Hormon, das in der Bauchspeicheldrüse produziert wird, unterliegt dem zirkadianen Rhythmus und ist ein Taktgeber für unsere inneren Uhren. Dreimal täglich erreicht Insulin seinen Höchstwert: morgens, mittags und abends. Dazwischen sinkt der Insulinspiegel ab, wenn wir in diesen Pausen keine Nahrung zu uns nehmen. Jeder Snack zwischendurch führt zu einem mehr oder weniger großen Insulinpeak. Das Snacking beeinflusst einige Prozesse im Körper negativ, dazu gehört der Stoffwechsel und damit auch die Möglichkeit der Fettverbrennung. Cortisol und Insulin beeinflussen sich gegenseitig. Hier kommt wieder der Stress ins Spiel, denn Cortisol treibt den Blutzuckerspiegel hoch. Ein erhöhter Blutzuckerspiegel verlangt aber nach Insulin, das die Bauchspeicheldrüse im Laufe der Zeit immer weniger in der benötigten Menge zur Verfügung stellen kann. Dauerstress begünstigt also das Entstehen von Stoffwechselstörungen.

Dopamin ist einer der bedeutendsten Neurotransmitter, da es unsere Motorik, Wachheit und Konzentration steuert. Bei akutem Stress arbeitet das

Dopamin mit dem Serotonin zusammen, um eine angemessene Körperantwort zu koordinieren. Dopamin spielt auch bei der Zusammenarbeit von Darm und Hirn eine große Rolle. So konnte gezeigt werden, dass bei Menschen mit Bulimie häufig ein Dopaminmangel vorliegt. Ein Defizit dieses Botenstoffes kann Essanfälle fördern, da verstärkt das Hormon Ghrelin ausgeschüttet wird. Dopaminmangel zeigt sich zunächst durch unspezifische Symptome wie Tagesmüdigkeit oder Bewegungsstörungen. Oft werden jedoch in einem frühen Stadium Symptome nicht mit einem Dopaminmangel in Verbindung gebracht.

Es zeigt sich, dass Stress – und wie wir ihn managen – einen erheblichen Einfluss auf die Ausschüttung und das Zusammenspiel der Hormone und Neurotransmitter hat. Das bedeutet: Wenn Sie Ihre individuelle Rhythmik für ein besseres Lebensgefühl ins Lot bringen wollen, spielt Ihr Stresslevel eine große Rolle. Stress entsteht am Tage, entfaltet seine Wirkungen aber bis in die Nacht. Ein- und Durchschlafstörungen können die Folge sein. Da der Schlaf-Wach-Rhythmus der wichtigste zirkadiane Rhythmus ist, kann unbewältigter Stress Ihre gesamte zirkadiane Rhythmik stören mit Auswirkungen auf den Stoffwechsel und das Immunsystem.

Wenn der Stoffwechsel aus dem Takt gerät, kann dies zu gewichtigen Problemen führen

Nahrungsaufnahme ist neben dem Licht der zweite wichtige Zeitgeber für unsere inneren Uhren. Es ist also nicht nur wichtig, **was** und **wie viel** wir essen, sondern auch **wann** und **wie oft** wir essen. Diese Erkenntnis findet in der Ernährungsberatung bisher kaum Berücksichtigung. Die inneren Uhren in Leber, Bauchspeicheldrüse und dem gesamten Gastrointestinaltrakt spielen eine große Rolle bei der Koordinierung der zirkadianen Rhythmik. Das „Wann" beeinflusst deshalb neben dem „Was" und „Wie", welche Wirkung das Essen auf unseren Körper hat, ob es uns nährt und stärkt oder ob es uns eher dick macht und verschiedenen Störungen und Erkrankungen den Weg ebnet. Zeitpunkt und Art der Ernährung spielen eine wichtige Rolle bei der Aktivierung von Zeitgebern und Entzündungsreaktionsgenen. Auch die Tagesrhythmik der Cortisolausschüttung wird beeinflusst.

Die physiologischen Funktionen im Magen-Darm-Trakt, die durch zirkadiane Rhythmen gesteuert werden, sind zum Beispiel:

- Darmmotilität (Peristaltik) und Säuresekretion im Magen
- Freisetzung von verschiedenen Verdauungsenzymen
- Erhaltung der Permeabilität der Mukosabarriere im Darm durch Freisetzung schleimhautschützender Faktoren
- Komposition der Mikroben im Darm, die das Mikrobiom ausmachen

Es konnte gezeigt werden, dass zirkadiane Rhythmusstörungen das Risiko für die Entwicklung eines peptischen Ulkus erhöhen, da die schleimhautschützenden Faktoren nicht zur richtigen Zeit in ausreichender Menge zur Verfügung stehen. So ist auch zu erklären, dass Schichtarbeiter ein deutlich höheres Risiko für die Entwicklung eines Magengeschwürs haben als tagsüber Arbeitende.

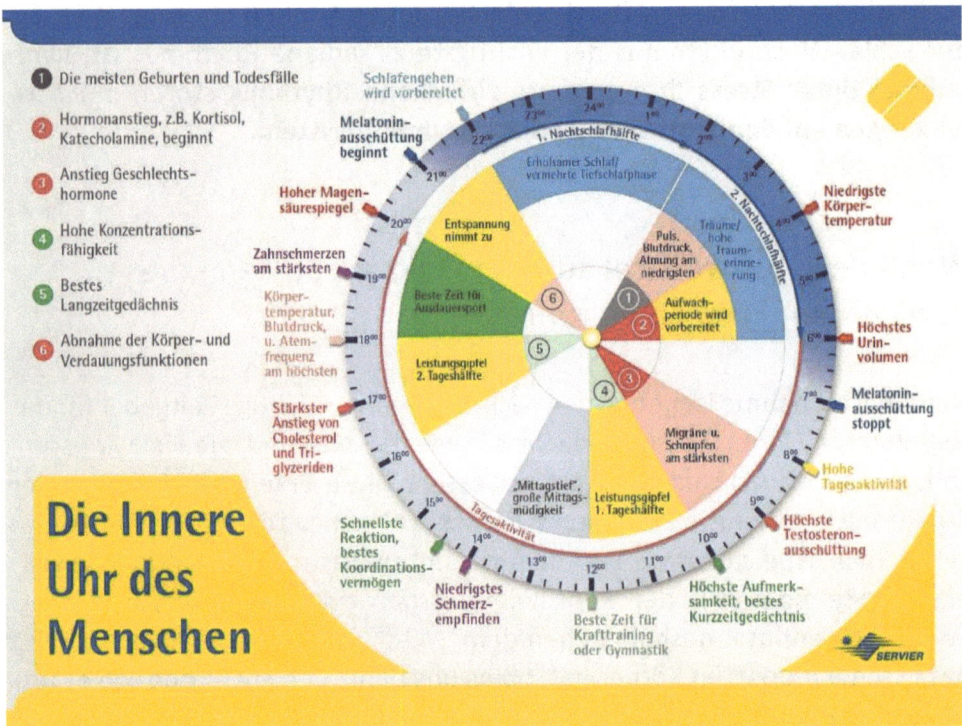

Die in der Graphik gezeigten Phasen sind ausgerichtet auf den gut adaptierten Normaltyp. Insbesondere, wenn Sie eher der Spättyp sind, so justieren Sie die in der Uhr gezeigten Phasen nach Ihrer Einschlaf- und Aufwachzeit.

Sprechen wir über den Stoffwechsel, so verbinden viele Menschen den Begriff automatisch mit Gewicht-Verlieren oder Kalorien-Verbrennen. Der Stoffwechsel ist jedoch in viele wichtige Prozesse im Körper eingebunden und umfasst alle Aktivitäten, die der Körper zur Erhaltung seiner Substanz und Energieerzeugung durchführt. Eine wichtige Rolle spielen hierbei die Mitochondrien, das Mikrobiom des Darmes, verschiedene Hormone und Botenstoffe sowie Menge und Qualität des Schlafes.

Um den Lebensstil inklusive der Essgewohnheiten gut mit dem eigenen zirkadianen Rhythmus zu synchronisieren, geht es darum zu wissen, zu welcher Zeit welche Stoffwechselprozesse ablaufen und wie sie gesteuert werden Dazu gibt es mittlerweile schon viel Wissen, auch wenn noch nicht alle Zusammenhänge geklärt sind. Wenn wir dieses Wissen, auch unter Berücksichtigung des eigenen Chronotyps, sinnvoll umsetzen, kann dies bereits zu einer großen Verbesserung von Stoffwechselgesundheit, körperlicher und geistiger Leistungsfähigkeit und nicht zuletzt zu erfolgreicher Gewichtsregulation führen.

Die Kombattanten Leptin und Ghrelin

Die Peptidhormone Leptin und Ghrelin signalisieren dem Organismus Sättigung oder Hunger. Leptin wird von den Adipozyten im weißen Fettgewebe gebildet und meldet dem Körper über seinen Angriffspunkt im Hypothalamus, dass genügend Energie in Form von eingelagertem Fett vorhanden ist. Im Gehirn sorgt es dafür, dass der Appetit abnimmt und gleichzeitig Regenerations- und Aufbauprozesse im Organismus beschleunigt werden. Deshalb ist es folgerichtig, dass während des Schlafes der Leptinspiegel hoch ist, damit wir nachts nicht vor Hunger aufwachen.

Bei längeren nächtlichen Wachphasen steigt jedoch der Ghrelinspiegel an und weckt den Appetit. Ghrelin wird hauptsächlich in der Magenschleimhaut und der Bauchspeicheldrüse produziert und beeinflusst auch den Glukosestoffwechsel und die Insulinsekretion.

Diese Reaktion hat sich in der Evolution als nützlich erwiesen. Unsere Vorfahren wachten nachts gewöhnlich auf, wenn Gefahr drohte. Für Flucht oder Verteidigung war Energie nötig. Das Hungergefühl signalisiert diesen außerordentlichen Energiebedarf.

Auch chronischer Stress treibt den Ghrelinspiegel in die Höhe. Bis heute sind zwar die Zusammenhänge zwischen Glukosestoffwechsel und Ghrelin noch nicht vollständig geklärt, bekannt ist jedoch, dass bei Stress oder nächtlichem Erwachen vor allem der Appetit auf Kohlenhydrate zunimmt.

Schlafgestörte Menschen haben nachts häufig neben erhöhtem Ghrelin auch einen zu hohen Insulinspiegel. Die Insulinflut kann auf Dauer zu Insulinresistenz und zu Diabetes Typ II führen. In der „Wisconsin Sleep Cohort Study"[2] wurde die Leptin- und Ghrelinkonzentration in der Nacht und am Folgetag gemessen. Es zeigte sich, dass bei einer verkürzten Schlafzeit von 5 Stunden oder weniger im Vergleich zu 7,7 Stunden der Leptinspiegel um 15,5% bis 19% verringert, der Ghrelinspiegel dagegen um 15% bis 28% erhöht war. Durch den erhöhten Ghrelinspiegel war auch am Folgetag der Appetit noch deutlich gesteigert, und zwar vor allem auf hochkalorische Nahrungsmittel.

Lange war man nicht sicher, ob es sich nur um Korrelationen zwischen Schlaf- und Rhythmus-Störungen, Adipositas, Fettstoffwechselstörungen und Diabetes mellitus Typ II handelt, oder ob es wirklich eine Kausalität gibt. Mittlerweile haben mehrere Studien darauf Antworten gefunden. Mehrere pathophysiologische Mechanismen wirken sowohl einzeln wie auch zusammen: die Leptin- / Ghrelin-Achse und neuroendokrine Stresssysteme. Besonders negative Auswirkungen auf den Stoffwechsel entstehen dann, wenn der Schlafgestörte noch in der Nacht seinen Essgelüsten nachgeht. Durch die nächtliche „Fütterung", die dem zirkadianen Rhythmus zuwiderläuft, kann längerfristig ein Gewöhnungseffekt entstehen, der wiederum das nächtliche Erwachen fördert. Nächtliche Essattacken führen eher zu Übergewicht, als wenn zu anderen Zeiten zu viel gegessen wird, da unser Körper nachts im Speichermodus ist.

Zusätzlich ist auf Dauer auch die Appetitregulation am Tage immer schwerer zu beeinflussen, ein Teufelskreis, mit dem vor allem Abnehmwillige zu kämpfen haben.

Bei der Gewichtsregulation ist deshalb die Berücksichtigung der Biorhythmen und Schlafqualität von großer Bedeutung für den langfristigen Erfolg.

---

2 Shahrad Taheri et al.: Short sleep duration is associated with reduced leptin, elevated ghrelin and increased body mass index. Study participants 1.024 from the Wisconsin sleep cohort study. PloS Med2004 Dec; 1(3).

„Abnehmen im Schlaf" oder besser „Leichter Abnehmen durch erholsamen Schlaf und Leben nach dem eigenen Biorhythmus" wären eine gute Maxime.

Klein aber oho – Mitochondrien und Mikrobiom

Unsere Mitochondrien sind die Helden, von denen kaum einer spricht. Sie werden gerne als Energiekraftwerke bezeichnet und sind Bestandteile nahezu jeder Zelle. Mitochondrien verwandeln in letzter Instanz Nahrung in Adenosintriphosphat (ATP), die universelle Energiewährung, die wir für alle energetischen Prozesse des Körpers benötigen. Man kann deshalb die Mitochondrien als das Drehkreuz für alle biochemischen Stoffwechselwege bezeichnen; sie sind das Verbindungsglied zwischen dem zirkadianen Rhythmus und dem Stoffwechsel.

Mitochondrien agieren dynamisch; sie teilen sich, fusionieren oder sterben ab, wenn sie zu geschwächt sind. Bei der ATP-Herstellung entstehen freie Radikale, die wiederum Schäden an der Struktur der Mitochondrien anrichten, was im Normalfall zum Abbau der defekten Organellen führt. Sind die Mitochondrien jedoch geschwächt oder dysfunktional, so vermehren sich auch die geschwächten Mitochondrien. Durch die dadurch verminderte ATP-Produktion werden Organe und Regelsysteme geschwächt und wir bemerken irgendwann den Energiemangel, den wir uns oft nicht erklären können.

Wie genau reguliert der zirkadiane Rhythmus die Energieproduktion in den Kraftwerken unserer Zellen?

Das Teilungsprotein DRP1 (dynamin-related Protein), gesteuert von den inneren Uhren, bestimmt den Rhythmus, wann die Mitochondrien wieviel Energie bereitstellen sollen. Auch Aktivität und Menge der Mitochondrien-Enzyme (Sirtuine) variieren im Laufe des Tages in Abhängigkeit von der inneren Uhr.

„Die Tageszeit bestimmt die Gestalt des mitochondrialen Netzwerks, und diese beeinflusst wiederum die Energiekapazität der Zellen", sagt Prof. Dr. Anne Eckert, Transfakultäre Forschungsplattform Molecular and Cognitive Neurosciences MCN der Universität Basel, die mit ihrem Team

einige Studien zu den Zusammenhängen zwischen inneren Uhren und Mitochondrien durchgeführt hat.

Schlaf und Mitochondriengesundheit stehen in einer Beziehung der gegenseitigen Schwächung oder Stärkung. Eine mitochondriale Dysfunktion kann unter anderem zu Ein- und Durchschlafstörungen führen und damit die nächtliche Zellregeneration behindern. Schlafstörungen und zirkadiane Rhythmusstörungen wiederum schwächen die Mitochondrien. Das Ergebnis ist ebenfalls fehlende oder unzureichende Zellregeneration, Zellerneuerung und eine zu geringe ATP-Produktion. Dieser Prozess kann sich immer wieder selbst verstärken, wenn er nicht durchbrochen wird.

Mitochondrien benötigen auch Melatonin, um mit der nächtlichen Reparaturarbeit beginnen zu können. Für das Melatonin existieren spezielle Transportproteine, die es in das Mitochondrium befördern. Dort trägt Melatonin derart zur Effektivität der Energieproduktion bei, dass weniger freie Radikale gebildet werden. Melatonin ist auch selber ein Antioxidans. Es bindet sich direkt an Sauerstoff- und Stickstoffradikale und verhindert, dass diese die Zellen schädigen.

Die Stärkung unserer Kraftwerke in den Zellen schenkt uns mehr Lebensenergie, ein stärkeres Immunsystem und besseren Schlaf. Ein Leben mit und nach den eigenen biologischen Rhythmen ertüchtigt auch die Mitochondrien. Besondere Bedeutung hat der erholsame Schlaf. Was Sie tun können, um wieder guten Schlaf zu erlernen, erfahren Sie zum Beispiel in meinem Schlafkompendium „Gute Nacht, Schlafprobleme". Ein bewegter Lebensstil, der auch einmal körperlich fordernden Sport enthalten darf, und ein Drei-Mahlzeiten-Schema mit Pausen von mehreren Stunden zwischen der Nahrungsaufnahme stärkt die Aktivität des Stoffwechsels ebenso wie die Mitochondrien. Ein Intervall-Hypoxie-Hyperoxie-Training (IHHT) belebt die gesunden und fördert den Abbau geschädigter Mitochondrien. Dieses als Höhentraining bekannte Verfahren wird schon länger im Leistungssport eingesetzt, gilt nicht als Doping und steht nun auch in einigen Gesundheitszentren für „Büroathleten" zur Verfügung.

Zahlreiche Mikroorganismen wohnen in allen Teilen unseres Körpers und sind für unser Leben und unsere Gesundheit von großer Bedeutung. Und – wen wundert es – auch die Mikroben, die als Mikrobiom bezeichnet werden, schwingen mit unseren biologischen Rhythmen. Nicht nur für den Stoffwechsel, sondern für nahezu alle Facetten unserer Gesundheit, ist das

Darmmikrobiom, seine Zusammensetzung und Vielfalt von größter Wichtigkeit. Wir wissen mittlerweile, dass wir wesentlich mehr Darmbakterien als köpereigene Zellen haben. Menschen, denen bestimmte Darmbakterien fehlen, neigen zum Dickwerden, leiden häufiger unter Allergien oder einer Tendenz zu Entzündungen.

Das, was wir essen, ernährt auch die riesige Zahl an Mikroben, die in unseren Verdauungsorganen leben und für uns arbeiten. Denn die Darmmikroben sind keine passiven Bewohner, sondern sie beeinflussen uns, unsere physische und mentale Gesundheit und werden selbst wiederum durch uns und unseren Lebensstil beeinflusst. Wenn wir regelmäßig nach unserem Rhythmus essen, sind die Mikroben dann am aktivsten, wenn sie Nahrung erwarten, um diese dann effizient zu metabolisieren. Neben dem „Wann" kann man auch über die Vielfalt und Zusammensetzung der Nahrung etwas für die Gesunderhaltung des Darmmikrobioms tun. Bestimmte Ballaststoffe, die der Organismus nicht selbst verdauen kann, dienen dem Aufbau des Mikrobioms. Zu diesen Ballaststoffen, die sich in pflanzlicher Nahrung finden, gehören Inulin oder Pektin. Auch fermentierte Lebensmittel wie Sauerkraut, Kombucha oder Kefir bringen wertvolle Mikroorganismen in unseren Darm und tragen damit zu einem artenreichen und gesunden Mikrobiom bei.

Ein Mangel an Melatonin, Schlafstörungen und eine Desynchronisation unserer Rhythmen (zum Beispiel bei Schichtdienst oder Jet-Lag) bringen auch unser Mikrobiom durcheinander. Langfristig kann sich die Zusammensetzung der Mikroben ändern und das Wachstum solcher Bakterien fördern, die mit Fettleibigkeit und Stoffwechselstörungen verbunden sind. Vor allem sind dies Bakterien mit dem Namen Firmicutes.

Chronomedizin und Chronopharmakologie

Wir würden viel Gutes tun,
wenn wir die Unterschiede
in den Funktionen des Körpers
in Einklang mit dem Zeitpunkt
und der Dosierung von Medikamenten bringen würden.
Johann Christian Reil (1759 – 1813),
Kurarzt von Johann Wolfgang von Goethe und Wilhelm Grimm

Das Auftreten, der Verlauf vieler Krankheiten und vor allem die Intensität der Beschwerden folgen den Impulsen unserer inneren Uhren. Etliche Symptome treten verstärkt nachts auf, wenn Blutdruck, Puls und Temperatur ihren Tiefpunkt erreichen. Wenn der Morgen dämmert, steigt der Blutdruck und mit ihm die Zahl der Schlaganfälle. Die Gelenke von Menschen mit rheumatoider Arthritis schmerzen vor allem morgens, bei Arthrose dagegen eher abends. Die Schmerzen und Morgensteifigkeit der Gelenke ist zum Teil die Folge eines nächtlichen Anstiegs von Entzündungsmediatoren.

Chronobiologische Einflussfaktoren für Symptome und Erkrankungen sind zum Beispiel:

- Jahreszeitliche Einflüsse (Influenza)

- Nächtlicher Anstieg von Entzündungsmediatoren

- Auf- und Abs in der Funktion verschiedener Organe und Zellverbände

- Übereinstimmung des Lebensstils mit den Chronorhythmen

Auch die Entstehung von Tumoren hat einen Bezug zu den inneren Uhren. Wenn eine Uhr ausschert aus dem Orchester, kommt es zu verstärkter Zellproliferation im entsprechenden Zellverband. So gibt es Zeitfenster, in denen Tumorzellen besonders aktiv sind, gesunde Zellen sich jedoch weniger teilen. Diese Erkenntnis will man sich in der Therapie zunutze machen, indem das Zeitfenster bestimmt wird, in dem die Tumorzellen besonders aktiv sind. Das könnte einerseits die Wirkung von Zytostatika am Zielort verstärken, andererseits die Nebenwirkungen reduzieren und die gesunden Zellen besser schützen.

Damit eine Therapie überhaupt chronobiologisch ausgerichtet werden kann, müssen nicht nur die Zeitmuster der Krankheit und Symptome bekannt sein, auch der Chronotyp des Patienten muss ermittelt werden. Dies geschieht meistens mit Fragebögen, die Sie auch im Anhang dieses Buches finden.

Jetzt wurde an der Charité in Berlin von Chronomediziner Dr. Dieter Kunz und seinem Team ein Bluttest entwickelt, wo die 12 Gene, die zuverlässig die innere Uhrzeit des Patienten anzeigen, relativ einfach untersucht werden können. Über diesen Test ist die DLMO-Bestimmung (Dim light melatonin onset) mit Schlaf-Wachfenstern möglich. Ausgangspunkt ist der Zeitpunkt, an dem die natürliche Melatoninausschüttung der Testperson beginnt. Dies könnte der Auftakt zu einer stärker individualisierten Behandlung werden.

Gleichbleibende Medikamentenspiegel sind oftmals eine Illusion

Bei vielen Medikationen setzt die Einnahmeempfehlung darauf, einen gleichbleibenden Wirkstoffspiegel zu erreichen. Dreimal eine Tablette oder ähnlich lautet die Vorgabe. Es wird höchstens noch darauf verwiesen, in welchem Abstand zu einer Mahlzeit das Medikament genommen werden sollte. Die Aufnahme, Verstoffwechselung und Ausscheidung der Wirkstoffe ist jedoch von den inneren Uhren der Zielorgane abhängig.

Nitroglycerin sorgt bei Angina Pectoris für eine Vergrößerung des Durchschnittes der Herzkranzgefäße. Bei einer Einnahme am Abend beträgt diese etwa 12%, bei einer Einnahme am Morgen dagegen etwa 74%.

Blutdrucksenker sollten idealerweise nach einer 24-Stunden Blutdruckmessung verordnet werden, die den besten Einnahmezeitpunkt verrät: abends bei Menschen, deren Blutdruck nachts nicht absinkt, früh bei allen anderen. Ein gestörter zirkadianer Rhythmus ist häufig die Ursache für den fehlenden nächtlichen Blutdruckabfall.

Bei der allergischen Rhinitis verstärken sich die Symptome oft in der Nacht und am frühen Morgen. Die Aktivität der Histaminrezeptoren, die bei allergischen Reaktionen angeregt werden, ist am Abend am geringsten und baut sich dann am frühen Morgen auf. Deshalb hat es sich bewährt, 24-Stunden-Medikamente mit Retard-Wirkung spät am Abend zu nehmen, damit die Konzentration höher ist, wenn die Symptome am schlimmsten sind.

Chronopharmakologie bedeutet: Das richtige Medikament zur richtigen „inneren" Zeit des jeweiligen Patienten.

Eine Medikation ist dann am effektivsten, wenn Arzneien in der gewünschten Konzentration am Wirkungsort zu einer Zeit vorhanden sind, zu der die zu behandelnden biochemischen Prozesse stattfinden oder die Symptome verstärkt auftreten.

Die Chronopharmakologie hat bereits bei über 100 Medikamenten eine zeitabhängige Wirkung nachgewiesen.

Die Suche nach dem Einklang von Therapie und den inneren Uhren ist zwar noch am Anfang, kann aber schon beeindruckende Ergebnisse vorweisen.

Arbeiten in Verbundenheit mit den inneren Uhren

Während die betriebliche Gesundheitsförderung sich intensiv mit Ernährung, Bewegung und ergonomischer Arbeitsplatzgestaltung beschäftigt, sind der Schlaf und die Chronobiologie noch fast ein Exotenthema. Obwohl erholsamer Schlaf und die Berücksichtigung biologischer Rhythmen für alle Menschen bedeutsam sind, machen sich Schlafdefizite und Desynchronisation vor allem bei Schichtarbeitern deutlich bemerkbar. Etwa 20% der Erwerbstätigen in Industrieländern arbeiten außerhalb der traditionellen Arbeitszeiten.

Aber auch während der üblichen Arbeitszeiten unterliegt die Leistung jedes Menschen normalen Schwankungen. Geist und Physis sind nicht dafür gemacht, ununterbrochen Leistung auf einem hohen Niveau zu erbringen. Bereits in den 1960er Jahren entdeckte der Physiologe Nathaniel Kleitman, dass der Körper nicht nur nachts den Schlaf in 90-Minuten-Zyklen organisiert, sondern dass solche ultradianen Rhythmen auch am Tage existieren, wenn auch nicht so deutlich ausgeprägt. Er nannte diese Rhythmen Basic rest activity cycle (BRAC). Dieser Ruhe-Aktivitäts-Zyklus verläuft etwa in 90 Minutenwellen. Nach einer Phase konzentrierten Arbeitens von etwa 70 bis 80 Minuten brauchen Geist und Körper eine kleine Regenerationspause. Vielleicht haben Sie selber schon erkannt, wann Sie gemäß Ihres Chronotyps besonders leistungsfähig sind. Nutzen Sie diese Zeitfenster für besonders anspruchsvolle Arbeiten. Sobald Sie sensibilisiert sind für Ihre eigenen Chronorhythmen, werden Sie merken, wenn Ihre Konzentration nachlässt. Gönnen Sie sich dann eine Pause, vielleicht mit etwas Bewegung. Auf Dauer nicht gesundheitsfördernd ist dagegen, diese Forderung Ihres Körpers austricksen zu wollen mit den klassischen Wachmachern wie Kaffee oder Tee.

Schichtarbeiter leben permanent gegen ihre innere Uhr. Insbesondere Nachtarbeiter müssen sich nicht nur dem unnatürlichen Aktivitätsrhythmus anpassen, sie schlafen zudem am Tage auch weniger und schlechter, weil Lärm, Tageslicht, eine höhere Raumtemperatur oder Menschen aus dem Umfeld häufige Störfaktoren darstellen. Bei schlafmedizinischen Untersuchungen zeigte sich, dass der Schlaf zu chronobiologisch „falscher" Zeit nicht nur subjektiv als schlechter empfunden wird; er enthält tatsächlich weniger Tiefschlafphasen.

Stoffwechselstörungen, ungewollte Gewichtszunahme, ein höheres Risiko für die Entstehung von Diabetes Typ II, Erschöpfung und Herz- Kreislaufprobleme treten deshalb bei Schichtarbeitern deutlich häufiger auf als bei Beschäftigten, die zu traditionellen Zeiten arbeiten.

Im Sinne der Gesundheitsförderung gibt es zwei Ansätze, die gesundheitsgefährdenden Auswirkungen der Schichtarbeit so weit wie möglich einzudämmen:

1. Anpassung des Lebensstils beim Betroffenen

2. Arbeitsplatz- und Schichtplangestaltung durch den Arbeitgeber

Tipps für Schichtarbeiter

Ihr Chronotyp spielt eine große Rolle dabei, welches Schichtschema besser oder weniger gut weggesteckt werden kann. Gehören Sie zum Spättyp „Eule", so fallen Ihnen Spät- und Nachtschichten weniger schwer, Frühdienst ist für Sie kaum befriedigend zu managen. Sind Sie dagegen eher der Frühtyp „Lerche", so fällt Ihnen zwar die Frühschicht leichter, die Spät- und Nachtschicht jedoch umso schwerer.

Noch ist es eher ungewöhnlich, bei der Einteilung in ein Schichtsystem den Chronotyp zu berücksichtigen, der oft auch gar nicht bekannt ist. Es würde sich jedoch für Arbeitnehmer und Arbeitgeber lohnen. Vor allem, wenn Sie wechselnde Schichtzeiten haben, sollten Sie, so gut wie möglich, den normalen Tag-Nachtrhythmus der Nahrungsaufnahme beibehalten, denn nachts ist das Verdauungssystem nicht auf schwere Mahlzeiten eingerichtet. Bei einer Nachtschicht kann Ihr 24-Stunden-Tag dann so aussehen:

• Auf Ihrem Nachhauseweg von der Nachtschicht am Morgen vermeiden Sie helles (Sonnen)licht und tragen eine Sonnenbrille, auch wenn die Sonne nicht scheint. Körperlich anstrengende Tätigkeiten, die den Kreislauf anregen und Ihr autonomes Nervensystem auf Aktiv statt Entspannung stellen, sind jetzt keine gute Idee. Nehmen Sie ein kleines Frühstück ohne aktivierende Getränke ein und gehen Sie dann gleich zu Bett.

• Schlafexperten empfehlen, den Tagesschlaf in zwei Phasen aufzuteilen, mit einer längeren Wachphase am frühen Nachmittag. Das ermöglicht Ihnen soziale Kontakte und das Zusammensein mit Ihrer Familie. Nach der ersten Schlafphase von etwa vier bis fünf Stunden, können Sie das Mittagessen als Ihre Hauptmahlzeit idealerweise mit Ihrer Familie einnehmen. Aber auch wenn Sie alleine essen, betrachten Sie das Mittagessen als Hauptmahlzeit, die Sie in Ruhe verzehren. Planen Sie danach Familienzeit oder andere soziale Aktivitäten ein. Ein Aufenthalt im Freien, verbunden mit Bewegung oder Sport, ist jetzt wichtig. Die richtige Zeit also für Gartenarbeit, eine Radtour mit den Kindern oder Freunden (sofern diese nicht bei der Arbeit sind), oder im Sommer eine Runde Schwimmen.

- Am späten Nachmittag oder frühen Abend wäre noch eine kurze Schlafphase ideal, also etwa 90 Minuten, damit Sie mindestens einen vollen Schlafzyklus durchlaufen. Sie sollten allerdings so früh wieder aufwachen, dass Sie vor Arbeitsbeginn noch eine leichte Mahlzeit einnehmen können.

- Versuchen Sie, vor allem im Sommer, vor Arbeitsbeginn noch etwas Licht zu tanken, um damit Ihre Rhythmen nach hinten zu verlagern.

- Nehmen Sie sich am besten in einer Lunchbox eine leichte Mahlzeit mit, die Ihr Verdauungssystem nicht belastet, zum Beispiel gedünstetes Gemüse oder ein Sandwich mit gegrilltem Fisch oder Fleisch. Diese verzehren Sie zwischen 24 und 1 Uhr, um die Energiespeicher zu füllen, bevor das nächtliche Leistungstief beginnt. Dazu können Sie Kaffee oder Tee trinken.

- Meiden Sie in der zweiten Nachthälfte jedoch alle Wach- und Muntermacher, um den Schlaf am Morgen nicht zu gefährden. Wenn der Hunger groß wird, können Sie in den frühen Morgenstunden noch eine Kleinigkeit essen, um das Leistungstief abzumildern. Geeignet sind zum Beispiel ein Müsliriegel, Joghurt oder eine Suppe.

- Denken Sie daran, während der Arbeitszeit auch nachts genügend zu trinken, um Dehydratation zu vermeiden, die ihrerseits die Müdigkeit verstärken kann.

Tipps für Arbeitgeber

Durch ergonomischer gestaltete Schichtpläne können die negativen Auswirkungen der Schichtarbeit für die Beschäftigten abgemildert werden. Für die chronobiologischen Rhythmen sind vorwärts rollierende Schichten, also Frühdienst – Spätdienst – Nachtdienst verträglicher als andere Reihenfolgen. Dabei sollten zwischen den Schichten mindestens 24 Stunden Pause liegen.

Bei Wechselschichten sollten nur drei aufeinanderfolgende Nachtschichten eingeplant werden.

Bei nächtlicher Schreibtischarbeit kann eine Tageslicht-Lampe die Wachheit verbessern und den Zeitpunkt des stärksten Schlafbedürfnisses in den Vormittag verschieben.

Generell können ältere Menschen die negativen Folgen der Schichtarbeit schlechter kompensieren als jüngere. Deshalb sollten Beschäftigte ab einem Alter von 50 – 55 Jahren möglichst keine Schichtarbeit mehr leisten.

Die Arbeits- und Zeitkultur hat sich seit der Industrialisierung historisch entwickelt. Angesichts des Anspruchs an Produktivität und Rentabilität der Arbeit erscheinen regelmäßige Phasen der Regeneration während der (bezahlten) Arbeitszeit fast undenkbar. Arbeitszeiten orientieren sich eher an den äußeren betrieblich definierten Anforderungen der Tätigkeit und weniger an den inneren Rhythmen des menschlichen Organismus.

Die Missachtung und Vernachlässigung der chronobiologischen Rhythmen der Beschäftigten in der Arbeitsgestaltung und der Mythos der 24/7-Leistungsfähigkeit auf hohem Niveau führen langfristig zu eingeschränkter Leistungsfähigkeit, Aufnahme- und Konzentrationsfähigkeit sinken und die Fehlerquote bei Entscheidungen steigt. Ein Signal ist hier der Anstieg der psychischen Gesundheitsstörungen bei den Beschäftigten. Und hier sind auch Führungskräfte betroffen.

Heute entstehen unternehmerische Erfolge vor allem durch die kreativen Leistungen und das Engagement der Mitarbeiter. Die Zeit und der Zeitpunkt der physischen Anwesenheit treten dabei mehr und mehr in den Hintergrund. Es lohnt sich also, über neue Arbeitsstrukturen nachzudenken und den chronobiologischen Zusammenhängen mehr Beachtung zu schenken.

Die Zeitumstellung und ihre Folgen

Alle Jahre wieder die gleiche Prozedur: An den letzten Wochenenden im März und Oktober werden die Uhren umgestellt. Damit tickt die äußere Uhr zwar anders, aber unsere innere Uhr denkt nicht daran, der vorgegebenen Umstellung einfach zu folgen. Denn es wird zwar die Uhr verstellt, nicht jedoch der **Sonnenstand als Zeitgeber** für unsere innere Uhr. So kommt es zu einer **Desynchronisation zwischen Außenzeit und Innenzeit**. Besonders ältere Menschen, bei denen der Schlaf-Wach-Rhythmus bereits geschwächt ist, Menschen mit ausgeprägten Schlaf-Wach-Rhythmus-Störungen wie dem NON24 Syndrom, Schichtarbeiter, oder Menschen mit Schlafstörungen unterschiedlicher Genese spüren diese Desynchronisation deutlich. Aber kaum einer kommt ganz ungeschoren davon. Die Umstellung im Frühjahr von der Normalzeit, die wir „Winterzeit" nennen, auf die mitteleuropäische „Sommerzeit" macht uns stärker zu schaffen als die Rückkehr im Herbst zur Normalzeit.

Wie ist die Definition unserer Zeitzonen entstanden?

Die Zeitzonen der Standardzeit basieren auf der Voraussetzung, dass die Sonne auf jedem Längengrad (Meridian) an jedem Tag des Jahres um 12:00 Uhr mittags am höchsten steht und um Mitternacht am tiefsten. Das weltweite systematische Zeitzonensystem ist eine Folge der internationalen Vereinbarung auf der Meridiankonferenz im Jahr 1884 in Washington DC. Dort wurde der Meridian, der durch das Londoner Greenwich Observatory verläuft, als Nullmeridian (UTC = Universal time coordinated) festgelegt. Es wurden 24 theoretische Zeitzonen von jeweils 15 Längengraden geschaffen mit jeweils einer Stunde Unterschied zwischen den Zeitpunkten des gleichen Sonnenstandes. Die von dort nach Osten laufenden Zeitzonen werden als UTC + 1 bis + 12 bezeichnet und die nach Westen laufenden als UTC − 1 bis − 12. Europa erstreckt sich momentan über die Zeitzonen UTC + 0 bis + 3. Die Normalzeit (Winterzeit) ist also diejenige, die sich am Sonnenzyklus orientiert.

Die Umstellung der Uhren hat eine längere Geschichte

Die Zeitumstellung hat eine wechselvolle Geschichte. Sie wurde immer mal wieder eingeführt und dann wieder abgeschafft.

Die Grundidee der Sommerzeit formulierte Benjamin Franklin. Um Energie zu sparen, empfahl er bereits 1784 „das frühe Aufstehen und Zubettgehen". Er selbst gehörte zum Chronotyp „Lerche", also dem Frühtyp. Auch heute noch gilt der Lerche-Typ, der in aller Früh gutgelaunt in den Tag startet, als der Idealtyp des fleißigen Menschen. Die Mehrheit der Europäer gehört jedoch nicht zu den ausgesprochenen Frühtypen, sondern ist eher angepasster Zwischentyp mit einer Tendenz zum Spättypen „Eule".

Die erstmalige Einführung der Sommerzeit 1916 zur besseren Nutzung des Tageslichts wurde bereits drei Jahre später wieder kassiert. 1940 wurde dann die Sommerzeit aus dem gleichen Grund erneut eingeführt. Nach 1945 gab es eine Weile Chaos in der Uhreneinstellung. Man experimentierte in Ost und West mit verschiedenen Sommerzeiten. Zwischen 1950 und 1979 konnten wir uns über einen längeren Zeitraum über die Normalzeit freuen.

Die Ölkrise in den 1970er Jahren war der Anlass, in Europa erneut die Sommerzeit einzuführen. Begründung war dieses Mal die Einsparung von Energie. Die halbjährliche Umstellung der Uhren wurde in Deutschland 1980 eingeführt.

Die Uhrenumstellung hat, wie man heute weiß, nicht nur die Erwartungen an die Energieeinsparung nicht erfüllt, sie zeigt auch immer stärker die negativen Folgen für Schlaf und Gesundheit. Deshalb hat das europäische Parlament 2018 eine Kommission eingesetzt, die die Sinnhaftigkeit der Maßnahme überprüfen sollte. Die Kommission brachte eine europaweite Umfrage auf den Weg, an der sich 4,6 Millionen Menschen beteiligten, davon 70% aus Deutschland. 84% der Teilnehmer votierten für eine Abschaffung, davon allerdings 56% für die dauerhafte Beibehaltung der Sommerzeit.

Vermutlich ließen sich viele der Dauer-Sommerzeit-Befürworter leiten von den positiven Assoziationen, die mit dem Sommer verbunden sind. Man denkt an einen lauen Abend im Biergarten, an Urlaub oder andere Sommeraktivitäten. Chronobiologen plädieren jedoch für eine dauerhafte Rückkehr zur Normalzeit und können das gut begründen.

Die Auswirkungen der Uhrenumstellung auf unsere chronobiologischen Rhythmen

Der SCN verarbeitet die „Lichtinformation" des Auges und sendet Signale an die nachgeordneten zirkadianen Uhren. Vor allem die Zirbeldrüse reagiert auf die Informationen des SCN, um zur richtigen Zeit das Hormon **Melatonin** auszuschütten. Das bedeutet, je länger der SCN über das Auge Lichtsignale empfängt, umso später beginnt die Melatoninproduktion.

Das Problem bei der Zeitumstellung ist, dass sich unsere inneren Uhren nicht an der Uhr, sondern am Sonnenstand und an der Helligkeit orientieren. **Durch die Umstellung am letzten Märzwochenende wird nur die Uhrzeit eine Stunde nach Osten verschoben, nicht aber der Sonnenstand.**

Durch die Umstellung der Uhrzeit lässt sich kein zusätzliches natürliches Licht gewinnen, lediglich die Verteilung der hellen Stunden über die nominale Uhrzeitskala kann verändert werden.

Wenn wir durch einen Zeitzonenflug einen Jetlag erleiden, kommt es vorübergehend zu einer Desynchronisation zwischen der inneren bio-logischen Zeit und der Außenzeit. Nach einer individuellen Eingewöhnungs-zeit können jedoch die inneren Uhren sich leicht durch den lokalen Hell-Dunkel-Rhythmus wieder mit der Außenzeit synchronisieren. Bei der Uhrenumstellung auf Sommerzeit besteht eine Differenz zwischen der durch die solaren Zeitgeber vorgegebenen **Innenzeit des Menschen** und der Uhrzeit für die gesamte Dauer der Zeitumstellung. Die Eingewöhnung ist deshalb schwieriger und kann bis zu vierzehn Tagen dauern. Im Herbst bei der Rück-führung zur Normalzeit gibt es eher kurzzeitige Anpassungsprobleme.

Da es während der Sommerzeit abends länger hell ist, erhöhen sich häufig die abendlichen Freizeitaktivitäten. Auch die Melatoninausschüttung erfolgt später, so entsteht auch erst später am Abend Müdigkeit. Dadurch verkürzt sich nachweislich die Schlafdauer, da sich der frühe Aufstehzeitpunkt, zumin-dest während der Arbeitswoche, nicht ändert.

Wenn am Montagmorgen nach der Umstellung auf die Sommerzeit der Wecker um sieben Uhr klingelt, ist es für die inneren Uhren erst sechs Uhr. Der Cortisolspiegel hat, vor allem bei den Spättypen, noch nicht sein morgendliches Hoch erreicht, Melatonin kann noch zirkulieren. Besondere Aufmerksamkeit ist vor allem im Straßenverkehr auf dem Wege zur Arbeit geboten, da das Unfallrisiko in den ersten Tagen nach der Zeitumstellung erhöht ist.

Tipps, um die Zeitumstellung leichter zu bewältigen

Wenn Sie sich bereits mit den Zusammenhängen von Leistungsfähigkeit, Schlafqualität und zirkadianem Rhythmus beschäftigt haben und Ihre eigenen Rhythmen gut spüren und berücksichtigen, dann wird Ihnen die Zeitumstellung deutlich leichter fallen. Die folgenden Tipps unterstützen Sie zusätzlich:

1. Bei der Zeitumstellung im März tun sich die Frühtypen leichter, bei der Rückführung zur Normalzeit sind die Spättypen im Vorteil. Wenn Sie Ihren Chronotyp noch nicht kennen, so helfen Ihnen die Fragebögen im Anhang.

2. Starten Sie im März bereits vier bis fünf Tage vor der Umstellung damit, alle zwei Tage 15 Minuten früher zu Bett zu gehen und nehmen Sie auch die letzte Mahlzeit am Tag entsprechend früher ein. Für die „Eulen" ist dies eine größere Herausforderung als für die „Lerchen".

3. Wenn Sie am Sonntag um 9 Uhr aufwachen, so denken Sie nicht „Eigentlich ist es erst 8 Uhr und ich kann noch liegen bleiben". Stehen Sie auf und gehen Sie noch am **Vormittag ins Freie,** um ordentlich **Licht zu tanken**. So helfen Sie der inneren Uhr bei der Ausschüttung des Wohlfühlhormons Serotonin, das am Abend wieder für die Produktion des Melatonins gebraucht wird.

4. Vermeiden Sie in den ersten Tagen nach der Umstellung einen Mittagsschlaf, um genügend Schlafdruck für den Abend aufzubauen, und versuchen Sie auch an Werktagen, so viel Licht wie möglich in der ersten Tageshälfte zu tanken.

5. Auch wenn es verlockend scheint – Sie bewältigen die Umstellung leichter, wenn Sie in den ersten Tagen keine späten Abendtermine wahrnehmen oder länger draußen sind.

6. Bauen Sie Ruhe und Regenerationsphasen in Ihren Tagesablauf ein. Das gilt generell, ist aber in der Umstellungsphase besonders wichtig.

7. Schalten Sie mindestens eine Stunde vor dem Zubettgehen alle Blaulicht emittierenden Geräte aus.

8. Wenn Sie mit Schlafproblemen und verstärkter Tagesmüdigkeit kämpfen, so finden Sie in meinem Buch „Gute Nacht Schlafprobleme" wertvolle Informationen und natürliche Strategien, um wieder erholsam Schlafen zu lernen und Lebensstil und Biorhythmus gut zu synchronisieren.

So bringen Sie Ihr Erfolgsteam im Alltag an den Start

Ein Leben in guter Übereinstimmung mit Ihren inneren Uhren stärkt und fördert Ihre gesundheitlichen Schutzfaktoren und Ressourcen – ganz nach dem Prinzip der Salutogenese.

Hier geht es nicht primär um die Frage, was uns krank macht, sondern was uns gesund hält und die Vitalität stärkt.

Wollen Sie nur so gerade eben Ihr tägliches Pensum schaffen, um dann abends ermattet mit Netflix oder TV auf der Couch zu landen, oder reizt Sie doch eher das positive Gefühl von Saft und Kraft, gepaart mit Lebensfreude? Sind Sie neugierig darauf, Ihr biologisches Energiepotenzial zu entdecken und zur Entfaltung zu bringen? Das echte Leben findet nicht nur am Wochenende und im Urlaub statt, sondern jeden Tag. Deshalb ist das Konzept der Work-Life-Balance fragwürdig, denn Arbeit und Leben sind nicht zwei verschiedene Lebenssegmente, sondern Arbeitszeit ist ebenfalls Ihre wertvolle Lebenszeit. Die Work-Life-Balance sollte deshalb einfach durch Lebensbalance ersetzt werden.

Wobei Balance bedeutet, die Endpunkte Aktivität und Leistung auf der einen Seite und Erholung und Regeneration auf der anderen Seite, wie bei einer Wippe, immer wieder zum Ausgleich zu bringen. Da jeder Mensch sein eigenes Schwingungsmuster hat, ist es wichtig

- die eigene innere Zeit zu kennen und zu spüren
- durch kleine Veränderungen des Lebensstils die innere Zeit und die Außenzeit besser in Einklang zu bringen
- dem Schlaf-Wach-Rhythmus und dem erholsamen Schlaf besondere Aufmerksamkeit zu schenken, denn ohne die Regeneration im Schlaf lässt sich Vitalität nicht erreichen

- Ihre Ernährung auf Ihre Rhythmen und die damit verbundenen biochemischen Stoffwechselprozesse abzustimmen

- auf Licht zur richtigen Zeit und in der erforderlichen Helligkeit zu achten

- mehr Bewegung zur richtigen Zeit in Ihren Alltag zu bringen

- der Entspannung und einem guten Stressmanagement mindestens die gleiche Aufmerksamkeit zu schenken wie der Leistungserbringung

- Ihre Familie, Partnerschaft und Ihren Freundeskreis zu pflegen, denn soziale Kontakte sind nicht nur die Voraussetzung für Lebensglück und Lebenszufriedenheit, sondern auch unverzichtbare Zeitgeber

Ein Lebensstil im Einklang mit Ihrem eigenen Biorhythmus hat nichts mit Einschränkungen oder Verzicht zu tun, ganz im Gegenteil. Sie erhalten damit den Schlüssel zu mehr Lebensqualität und Vitalität. Wenn Sie außerdem Ihre biologischen Leistungsfenster gut nutzen, werden Sie belohnt mit mehr Leistungskraft, höherer Konzentrationsfähigkeit und Energie.

Die ersten Schritte

Wie bei jeder Veränderung im Leben ist es auch hier nicht sinnvoll, alles auf einmal zu wollen. Sinnvoll ist vielmehr, Prioritäten zu setzen, die sich an der eigenen Lebensrealität orientieren, und so Schritt für Schritt voranzukommen. Jeder kleine Schritt ist wertvoll und bringt Sie Ihrem Ziel näher. Nehmen Sie zu Beginn Ihres Weges in eine vitalere Zukunft eine Standortbestimmung vor, indem Sie Ihren eigenen Chronotyp bestimmen und mit dem Tagesjournal Ihren Tagesablauf dokumentieren. Die schriftliche Dokumentation ist von großer Bedeutung, denn in der Verschriftlichung werden Sie tiefer und achtsamer Ihre Routinen und Gewohnheiten, die schlechten wie die guten, kennenlernen, und sogar schon Potenzial für Veränderungen sehen. Aha-Effekte sind eher die Regel als die Ausnahme.

Auch wenn Sie bereits Schlafstörungen haben, gibt Ihnen das Tagesjournal wichtige Hinweise, denn eine gute Nacht beginnt mit einem guten Tag. Die Schlafqualität ist in großem Maße abhängig von Ihrem Tagesverlauf.

Den Fragebogen zu Ihrem Chronotyp und das Tagejournal finden Sie im Anhang. Wenn Sie nicht ins Buch schreiben, das Tagesjournal über mehrere Tage führen oder die Fragebögen auch für andere Familienmitglieder nutzen wollen, so stehen Ihnen die Formulare aus dem Anhang auch als Download zum Speichern oder Ausdrucken zur Verfügung. Den Link finden Sie in der Linkliste.

Sorgen Sie für mehr und besseres Licht

Nach den Erfahrungen in der Schlafberatung ist das gute Lichtmanagement ein Ansatzpunkt, der viel bewegen kann und sich relativ leicht als erste Maßnahme umsetzen lässt. Wenn Sie eher ein **Spättyp** sind, ist Licht am Vormittag für Sie wichtig. Wir haben heute, vor allem im Winter, tags zu wenig und abends zu viel Licht. Vor allem das morgendliche Licht stoppt die Melatoninausschüttung, weckt die Lebensgeister und sorgt dafür, dass Sie am Abend besser einschlafen können. Morgenlicht trägt dazu bei, dass der biologische Rhythmus etwas vorverlegt wird. Das hat Auswirkungen auf die Ausschüttung von Hormonen und Botenstoffen, auf die Stimmung und den Stoffwechsel.

Schauen Sie sich Ihr Tagesjournal an und überlegen Sie dann, wie und wann Sie sich Ihre Dosis Morgenlicht verabreichen können. Vom Frühsommer bis Frühherbst ist natürliches Sonnenlicht die beste Option. Ist es möglich und in den Tagesablauf zu integrieren, wenn Sie etwas früher aufstehen und vor Arbeitsbeginn einen kleinen Morgenlauf oder Spaziergang einschieben? Haben Sie die Möglichkeit, auf dem Balkon oder im Garten zu frühstücken oder 10 Minuten Gymnastik im Freien durchzuführen? Lässt Ihr Arbeitsweg es zu, mit dem Rad zur Arbeit zu fahren? Gehen Sie auch nach draußen, wenn es kalt ist. Der Kältereiz ist besonders wertvoll, um Ihre Mitochondrien zu stärken. Ideal ist immer, wenn Sie Ihre Lichtdosis mit Bewegung koppeln.

Für **Frühtypen** ist Bewegung im Freien auch am Nachmittag oder frühen Abend eine gute Option, da dadurch die Rhythmen etwas nach hinten gelegt werden.

In der dunklen Jahreszeit kann eine Tageslichtlampe am Morgen das fehlende Sonnenlicht ersetzen. Bei einer Vollspektrum-Lichtstärke von 10.000 Lux reicht eine Lichtzeit von 30 Minuten. Diese Lampe kann natürlich auch auf dem Schreibtisch platziert werden. Lassen Sie sich bei der Auswahl von einem

Lichtexperten beraten oder wählen Sie einen Anbieter aus dem medizinischen Bereich, wo die Produktleistung gut deklariert ist.

Auch wenn Ihr Tag vollgepackt zu sein scheint, lassen Sie sich nicht entmutigen, denn Sie wollen Ihre Vitalität steigern, eine höhere Konzentrationsfähigkeit oder besseren Schlaf erreichen. Veränderungen zum Positiven erfordern oft die Umstellung liebgewordener Routinen und Gewohnheiten. Das fühlt sich zunächst immer fremd und unbequem an, aber ebenso, wie Sie die für Ihre Gesundheit eher schlechten Gewohnheiten angenommen haben, kann dies auch mit den guten Gewohnheiten gelingen. Allerdings ist ein wenig Durchhaltevermögen erforderlich.

Essen mit Genuss und zur richtigen Zeit

Neben dem Licht ist das Essen ein nicht zu unterschätzender Zeitgeber für das zirkadiane System. Denn auch die Hormone und Botenstoffe, die unseren Stoffwechsel steuern, folgen einem bestimmten Rhythmus.

Das ist eine gute Nachricht, denn der Körper verlangt mehr als einmal am Tag nach Nahrung und wir dürfen nicht nur genießen, sondern tun auch unserem Körper etwas Gutes, wenn wir bei Hunger mit Genuss essen. Für das Hungersignal sorgt das Hormon Ghrelin, das uns tagsüber alle vier bis sechs Stunden signalisiert, dass der Körper jetzt Energie benötigt. Nach einer ausreichenden Mahlzeit wird das Sättigungshormon Leptin ausgeschüttet und vermittelt uns das wohlige Gefühl des Sattseins. Wenn die Mahlzeit proteinreich war, hält das Sättigungsgefühl besonders lange an.

In der Nacht ist der Leptinspiegel hoch und das Hungersignal hat Pause, damit wir nachts nicht durch Hunger erwachen.

Auch die Insulinausschüttung erfolgt zyklisch dreimal am Tag, etwa zu den Hauptmahlzeiten Frühstück, Mittag- und Abendessen. Essen wir zu diesen Zeiten, werden die Nährstoffe zur Energiegewinnung in die Zelle transportiert. Wird jedoch zu viel Insulin produziert, was vom Zeitpunkt und der Zusammensetzung der Speisen abhängt, werden die Nährstoffe statt energiespendend in die Zellen in die Speicherfettdepots geschleust.

Ob das Essen uns gut tut und Energie spendet, hängt davon ab, **was, wann, wie viel und wie oft** wir essen. Ja, Sie haben richtig gelesen: Auch das ‚wie oft' spielt eine Rolle. Manche Ernährungskonzepte empfehlen, das Essen auf mindesten fünf bis sechs kleine Mahlzeiten über den Tag verteilt aufzunehmen, bei anderen Ratschlägen heißt es, dass es lediglich auf die Kalorienbilanz ankomme. Mit anderen Worten, es spielt keine große Rolle wann und wie oft man isst, wenn nur die Kalorienzufuhr geringer als der Verbrauch ist. Mit beiden Ernährungskonzepten haben schon viele Abnehmwillige erfolglos gekämpft, denn die Chronobiologie lässt sich nicht austricksen.

Natürlich soll das Essen auch ausgewogen in seinem Gehalt an Makro- und Mikronährstoffen sein, aber dies soll hier nicht weiter behandelt werden, da es dazu anderweitig gute Informationen gibt.

Wer nach dem Gelegenheitsprinzip mehrere kleine Mahlzeiten oder Snacks am Tag verzehrt, arbeitet gegen seine innere Uhr, kann schwerer sein Gewicht regulieren und wird anfälliger für Stoffwechselstörungen. Besonders negativ wirkt sich dabei ein hoher Anteil an Kohlenhydraten aus, der immer wieder die Insulinausschüttung triggert. Das Hungersignal verkümmert, Leptin und Ghrelin werden aus ihrem Rhythmus gebracht und der schnell abfallende Insulinspiegel erzeugt bald wieder Appetit auf den nächsten Snack.

Eine Desynchronisation von Nahrungsaufnahme und den inneren Uhren des Stoffwechsels verändert auch die Artengemeinschaft des Darmmikrobioms. Untersuchungen zeigen, dass sich dann Bakterienstämme vermehren, die mit Adipositas in Verbindung gebracht werden.

Auch wenn Sie nicht abnehmen wollen, haben Sie über das Essen einen enormen Hebel in der Hand, Ihr Wohlbefinden zu steigern, den Stoffwechsel gesund zu halten und Ihren Schlaf zu verbessern.

Schauen Sie in Ihrem Tagesjournal nach, wann, warum und wie oft Sie was gegessen haben in den letzten Tagen. Wie oft haben Sie tatsächlich Hunger gehabt? Vielleicht erkennen Sie schon bestimmte Muster oder Situationen, die bei Ihnen Appetit auf einen Snack erzeugt haben. In einem ersten Schritt können Sie in einer Situation, in der Sie zu einem Snack greifen wollen, überlegen, ob Sie wirklich Hunger haben oder vielleicht ein anderes Bedürfnis befriedigt werden soll. Möglicherweise ist es Langeweile, pure Gewohnheit, Stress oder auch Durst. Versuchen Sie, Ihr Hungersignal wieder zu spüren, indem Sie bewusst eine Essenspause von mindestens fünf Stunden einlegen. Das wird vielleicht nicht gleich klappen, vor allem, wenn Ihre Mitmenschen essen oder verführerische Essensdüfte in der Luft liegen. Denken Sie auch daran, unser Körper und die Organe merken sich, wann wir was gegessen haben und fordern es nach einer Weile zu diesem Zeitpunkt ein, sodass schnell eine Gewohnheit daraus wird, auch wenn es unserem Körper nicht gut tut.

Das Ziel ist, **gemäß Ihrem zirkadianen Rhythmus drei Mahlzeiten am Tag** in Ruhe und mit Genuss zu verzehren und dazwischen nichts zu essen. Ausnahmen dürfen natürlich zu besonderen Gelegenheiten sein. Die letzte Mahlzeit des Tages sollte spätestens zwei bis drei Stunden vor dem Zubettgehen verzehrt sein. Wenn Sie als Spättyp erst nach Mitternacht schlafen gehen, können Sie auch später zu Abend essen als ein Frühtyp, der bereits um 22:00 Uhr zu Bett geht. Für alle Chronotypen gilt jedoch: Essen bei nächtlichem Erwachen ist ein absolutes No-Go. Die nächtliche „Fütterung" entkoppelt die Uhren von Leber, Pankreas und Darm von denen des Gehirns durch die widersprüchlichen Signale. Ebenso wie am Tage merkt sich der Körper auch den nächtlichen Ausflug zum Kühlschrank. Dies kann zu regelmäßigem Erwachen zu dieser Zeit führen und den Schlaf erheblich stören. Und es kommt noch schlimmer: Der Spiegel des Hungerhormons Ghrelin ist nach dem nächtlichen Essen auch am nächsten Tage noch deutlich erhöht und sorgt für verstärkten Appetit.

Wenn Sie nach Ihrem zirkadianen Rhythmus drei Mal am Tag mit langen Karenzphasen dazwischen essen, so werden Sie schon bald feststellen, dass Sie wacher und leistungsfähiger sind, sich vitaler fühlen und besser schlafen. Auch die Figur wird es Ihnen danken und Sie können Pfunde verlieren, völlig ohne Selbstkasteiung und Kalorienzählen. Da die „Chronodiät" den pysiologischen Körperrhythmen entspricht, brauchen Sie auch keinen Jo-Jo-Effekt zu befürchten.

Immer wieder berichten Menschen nach der Umstellung, dass sich auch ihr Geschmackssinn verfeinert habe und dadurch das Esserlebnis genussvoller wurde.

Essen im Rhythmus der inneren Uhren ist kein Diätprogramm, sondern ein langfristiges Konzept der Lebensführung, für das Sie am Anfang etwas Training benötigen. Es hilft nicht nur bei der Gewichtsregulation, sondern stärkt auch das Immunsystem und das Mikrobiom des Darmes. Nicht zuletzt verbessert sich auch der Schlaf, wenn die biologischen Prozesse des Stoffwechsels mit den zirkadianen Rhythmen im Einklang stehen. Die richtige

Zeit für Ihre drei Mahlzeiten richtet sich nach Ihrem Chronotyp und darf durchaus von den üblichen Standardzeiten abweichen. Das Grundprinzip ist immer: Essen nur bei echtem Hunger mit Essenspausen zwischen den Mahlzeiten, aber keine Einschränkung von Vielfalt und Genuss.

Ruhe- und Regenerationsphasen

Geh in deiner Arbeit auf, nicht unter.
Jacques Tati

Der menschliche Geist und Organismus sind keine Maschine, die ununterbrochen auf hohem Niveau Leistung erzeugt. Das biologische System Mensch braucht zwischendurch Ruhe- und Regenerationsphasen. Dies ist in unserer 24/7-Leistungsgesellschaft aus dem Blick geraten. Viele Menschen erwarten von sich nicht nur während der offiziellen Arbeitszeit ein gleichbleibend hohes Leistungsniveau, der Leistungsgedanke setzt sich oft auch in der Freizeitgestaltung fort. Und so wird auch die Freizeit durchgetaktet und mit möglichst vielen Aktivitäten gefüllt. Muße und Zeiten des Nichtstuns werden als verlorene Zeit betrachtet.

Bauen Sie deshalb bewusst Ruhe- und Regenerationsphasen, nicht nur am Wochenende oder im Urlaub, sondern generell in Ihren Tagesablauf ein.

Warum ist das für Ihre Leistungskraft, Ihre Gesundheit und auch für den erholsamen Schlaf so wichtig?

Als bedeutender Rhythmus im Tagesablauf wird der Basic-Rest/Activity-Cycle (BRAC) angesehen, also der Ruhe-Aktivitäts-Zyklus. In einer Zeitspanne von etwa 90 Minuten schaltet der BRAC den Organismus für etwa 70 bis 80 Minuten auf „aktiv". In dieser Zeit dominiert der Sympathikus das vegetative Nervensystem und wir können gut fokussiert und konzentriert arbeiten. Danach folgt eine Regenerations- und Entspannungszeit von etwa 10 bis 20 Minuten, in der die Ressourcen wieder aufgeladen werden. In diese Zeit dominiert der Entspannungsnerv Parasympathikus. Wird das Entspannungsbedürfnis des Körpers ignoriert, so können Regulationsstörungen zwischen Sympathikus- und Parasympathikus-Aktivität entstehen, die maßgeblich an der Entstehung von chronischen und stressbedingten Erkrankungen beteiligt sind. Die 90-Minuten-Zyklen sind auch im Schlaf präsent. Innerhalb von etwa

90 Minuten werden alle Phasen eines erholsamen Schlafes durchlaufen: Leichtschlaf – Tiefschlaf und REM-Schlaf.

Gerne werden die BRAC-Tiefs am Tage mit Kaffee oder anderen aktivierenden Getränken überlistet. Diese Aktivierung hilft jedoch nur scheinbar. Tatsächlich schwächen Sie damit Ihre Leistungsfähigkeit. Untersuchungen zeigen klar, dass die regelmäßigen Regenerationspausen dazu führen, dass in der gleichen Zeit bessere Ergebnisse erreicht werden.

Nutzen Sie Ihre Regenerationspause für etwas Bewegung, einige Atemübungen, die zusätzlich den Parasympathikus stärken, oder gehen Sie kurz an die frische Luft. Die regelmäßigen Pausen haben also nichts mit Faulheit zu tun, sondern sind ein Zeichen dafür, dass Sie intelligent und ressourcenorientiert arbeiten.

Um Ihr Potenzial während Ihrer Aktivphase gut zu nutzen, sorgen Sie dafür, dass Sie möglichst nicht unterbrochen werden. Häufig sorgen wir auch selbst für Unterbrechungen, indem wir uns zwischendurch Ablenkungen erlauben und zum Beispiel E-Mails oder Soziale Medien checken. Bei vielen Menschen, die ihre Rhythmen lange ignorieren, schwächen sich diese ab, und auch die Leistung in der Aktivphase sinkt. So fällt es immer schwerer, konzentriert zu arbeiten und Informationen gut zu verarbeiten. Auch die Kreativität leidet, denn das chronobiologische Grundprinzip der Kreativität ist nicht Geschwindigkeit, wie zuweilen angenommen, sondern Rhythmus.

Der 90-Minuten-Rhythmus findet sich auch in der medialen Welt, denn Spielfilme dauern gewöhnlich 90 Minuten. Dem BRAC entsprechen außerdem die Länge von Fußballspielen oder Vorlesungen. Sicher finden Sie hier weitere Beispiele.

Vielleicht haben Sie bereits gemerkt, dass es Ihnen manchmal schwerfällt, sich zu konzentrieren, dass Sie sich erschöpft fühlen oder bereits kleine Dinge Sie mehr aufregen, als es dem Anlass angemessen wäre. Wagen Sie deshalb jetzt kleine Veränderungen.

Beginnen Sie zunächst an einzelnen Tagen damit, Ihrem BRAC-Rhythmus auf die Spur zu kommen. Wenn Sie zum Beispiel eher ein Spättyp sind mit einem Leistungshoch am späten Vormittag, so nutzen Sie diese Zeit ganz bewusst für ein bis zwei BRAC-Zyklen. Das wird vielleicht nicht sofort klappen, schließlich müssen auch die Kollegen, Vorgesetzten oder das private Umfeld mitspielen. Auch der reflexartige Griff zum Handy oder die Reaktion auf eine eingehende Mail lassen sich nicht immer gleich beherrschen. Leichter wird es, wenn Sie, vor allem am Anfang, das Handy und das „Bling" bei eingehenden Mails ausschalten. Aber es lohnt sich, dran zu bleiben. Sie werden nicht nur bessere Arbeitsergebnisse erreichen. Durch die Stärkung des Parasympathikus in der Regenerationsphase verbessert sich die Regulationsfähigkeit des Organismus und damit auch die Kompetenz, Stress besser zu managen. Nicht zuletzt werden Sie durch besseren Schlaf belohnt.

Lernen Sie, Ihre Energie zu managen, nicht Ihre Zeit. Sie werden in der Summe so mehr leisten, ein höheres Energieniveau haben und Ihren Stress besser managen. Wählen Sie zunächst zwei Wochentage aus, an denen Sie gezielt Ihren Ruhe-Aktivitäts-Rhythmus erforschen und testen. Dokumentieren Sie Ihre Ergebnisse und bleiben Sie dran, auch wenn es am Anfang vielleicht mühsam ist, vor allem, wenn Ihr Rhythmus bereits durch längere Missachtung geschwächt ist.

Work smarter, not harder!

Ein neuer Tag beginnt…

Bereits in der Früh zeigt sich das Missverständnis, dass der Tagesablauf für alle standardisiert werden kann, ausgerichtet an sozialen und arbeitstechnischen Erfordernissen. Wenn Sie also die Potenziale Ihres Erfolgsteams voll ausschöpfen wollen, so bedeutet dies, auch einmal an den Gittern der Standardabläufe zu rütteln.

Wenn morgens um 7:00 Uhr oder noch früher der Wecker klingelt, ist bei den „Eulen" und vielen „Normaltypen", die eher zum Spättyp tendieren – also der Mehrzahl der Europäer – die Nacht für ihre inneren Uhren noch nicht beendet. Diese Menschen befinden sich während der Arbeitswoche in einem sozialen Jetlag. Ihre inneren Uhren laufen nicht ganz synchron mit den Uhren der Außenzeit.

Für Spättypen, die um diese Uhrzeit noch keinen Hunger verspüren, macht es wenig Sinn, in der Früh Zeit für ein eher lust- und appetitlos eingenommenes Frühstück zu reservieren. Nutzen Sie diese Zeit lieber, um etwas länger zu schlafen oder/und Ihre Morgenroutine mit einer kleinen Bewegungseinheit am offenen Fenster, auf dem Balkon oder im Garten durchzuführen. Das Tageslicht und idealerweise die Sonne vertreiben Restmelatonin und locken das Wohlfühlhormon Serotonin. Falls Sie zu Hause arbeiten und den Arbeitsweg sparen, darf die Morgenroutine ruhig etwas umfangreicher sein.

Fehlt es in den dunklen Monaten um diese Uhrzeit an Tageslicht, so bietet sich eine Tageslichtlampe für den Start in den Tag an.

Den Tag nicht gleich mit dem Frühstück zu beginnen, bedeutet nicht, dass die erste Mahlzeit des Tages ganz ausfallen oder durch kleine Snacks ersetzt werden soll. Als Spättyp können Sie Ihr Frühstück auch um 10 oder um 11:00 Uhr einnehmen, dann, wenn die inneren Uhren des Gastrointestinaltraktes bereit sind, Essen zu verarbeiten. Wenn Sie sensibel für Ihre Körpersignale sind, melden Ihre inneren Uhren, wenn Ihr Körper Nahrung braucht.

Durch ein späteres Frühstück verschieben sich auch die Zeiten für die Mittags- und Abendmahlzeit. Wichtig sind die Regelmäßigkeit und die Pausen zwischen den Mahlzeiten.

Frühtypen dagegen werden schon beim Aufstehen Hunger verspüren und sich auf das Frühstück freuen. Für einen gelungenen Start in den Tag nehmen Sie das Frühstück mit etwas Ruhe im Sitzen ein, auch wenn Sie dafür vielleicht einige Minuten früher aufstehen müssen.

Für alle Chronotypen gilt: Beginnen Sie den Tag mit einem großen Glas Wasser, um die nächtlichen Flüssigkeitsverluste auszugleichen und um den Stoffwechsel auf den Tag einzustimmen.

Kompromisse und Verständnis sind immer dann gefragt, wenn in einer Partnerschaft unterschiedliche Chronotypen zusammenleben. Das Wissen um die Macht der inneren Uhren hilft dabei, das Verhalten des Partners oder der Partnerin, der oder die anders tickt als man selbst, nicht zu kritisieren oder gar den eigenen Rhythmus als Maß der Dinge vorzugeben. Unterschiedliche zeitliche Leistungsphasen können auch Vorteile bieten, indem jeder bestimmte Aufgaben zu der für ihn oder sie optimalen Zeit übernimmt.

An jedem neuen Tag gilt: Wie der Start, so das Rennen.

Einige Tipps kurz zusammengefasst

- Trainieren Sie Ihr Hungergefühl und lernen Sie, Ihre wertvollen Körpersignale wieder zu spüren.

- Werden Sie vom gehetzten Gelegenheitsesser zum Genussesser und genießen Sie Ihr Essen mit allen Sinnen und Pausen zwischen den Mahlzeiten.

- Sagen Sie den Snacks zwischen den Mahlzeiten den Kampf an. Beginnen Sie einfach mit einzelnen Tagen. Jeder kleine Schritt der Veränderung ist besser als einfach in den alten Gewohnheiten und Ritualen zu verharren.

- Essen Sie vielfältig, um das Mikrobiom bei Laune zu halten. Integrieren Sie regelmäßig pflanzliche Ballaststoffe und fermentierte Lebensmittel.

- Raus ans Licht! Sorgen Sie für genügend Licht am Tag und weniger kurzwelliges Blaulicht am Abend.

- Wenn Sie eher der Spättyp sind, so tanken Sie unbedingt eine Dosis Licht am Morgen. Für den Frühtyp kann eine zusätzliche Lichteinheit am Nachmittag den frühen Leistungsabfall am Abend etwas verzögern.

- Wenn Sie wieder einmal sagen möchten „Dafür habe ich keine Zeit!", dann halten Sie inne. Die Zeit ist demokratisch verteilt. Jedem von uns stehen 24 Stunden am Tag zur Verfügung. Die Zeit, die Sie in Bewegung und Regeneration investieren, ist gut angelegt und bringt eine hohe Rendite. Notwendig ist dafür nur eine Veränderung der Prioritäten.

- Wenn Sie nur für einen kurzen Geschäftstermin über mehrere Zeitzonen verreisen, kann es sinnvoll sein, sich nicht an die neue Zeitzone anzupassen. Wichtige Termine kann man in die Zeitzone legen, zu der Geschäftspartner und Gast wach sind. In den USA ist das zum Beispiel der Vormittag Ortszeit. Für Reisende aus Mitteleuropa ist dann Nachmittag. So können Sie den Jetlag weitgehend vermeiden.

- Bei längeren Reisen über mehrere Zeitzonen gilt: Planen Sie etwa einen Tag Eingewöhnung pro Stunde Zeitverschiebung ein. Überlegen Sie gemeinsam mit Ihrem Arzt oder Therapeuten, ob Melatonin Ihnen helfen kann, den Jetlag abzumildern.

- Wenn Sie nicht mehr im aktiven Arbeitsleben stehen, achten Sie auf eine gute Strukturierung des Tages: höchstens ein Nickerchen am Tag, am besten nach dem Mittagessen, regelmäßige Mahlzeiten und Zubettgeh- und Aufstehzeiten, genügend Tageslicht oder idealerweise Sonne in der ersten Tageshälfte. Pflegen Sie Ihre sozialen Kontakte und sorgen Sie täglich für Bewegung. Bewegung ist nicht gleichzusetzen mit Sport. Schon ein Spaziergang wirkt sich positiv auf Ihre innere Rhythmik aus und verbessert den Schlaf der Folgenacht.

Zum Schluss

Wir Menschen suchen und meistern Herausforderungen, das ist gut, denn so haben wir uns stetig weiterentwickelt. Allzu leicht werden jedoch aus Herausforderungen Überforderung oder Erschöpfung. Die Sensibilität für die eigenen inneren Uhren und Biorhythmen in Kombination mit erholsamem Schlaf schützen uns davor, in der Überforderung zu landen.

Wenn Sie die Signale Ihres Körpers, wie Regenerationsbedürfnis, Lust auf Leistung, echten Hunger, Müdigkeit oder Lichtmangel wieder wahrnehmen und berücksichtigen, dann entsteht **Ihr Erfolgsteam aus Körper, Geist und inneren Uhren.**

Glossar

BRAC / **Basic-Rest-Activity-Cycle**	Ruhe-Aktivitäts-Zyklus (nach Kleitman), auch Leistungsrhythmus genannt, ein kompletter Zyklus dauert ca. 90 Minuten, etwa 70 Min. fokussierte und konzentrierte Arbeit an einer Aufgabe, gefolgt von einer passiven Phase zur Regeneration der Ressourcen.
Chronopharmakologie	Wirkungsoptimierung von Arzneimitteln durch tageszeitliches Timing. Harmonisierung der Therapie mit den inneren Uhren.
DLMO	Dim Light Melatonin Onset – Zeitpunkt, an dem die natürliche Melatonin-Ausschüttung beginnt. Daraus lassen sich individuell die Schlaf – Wach – Leistungsfenster bestimmen. Benötigt wird ein Blut-Test zur Chronotypen-Bestimmung.
Endogene Zeit	Biologische Zeit der inneren Uhren
IHHT	Intervall-Hypoxie-Hyperoxie-Training, Form des simulierten Höhentrainings Zur Verbesserung der Energiegewinnung (ATP) in den Mitochondrien.
Infradian	Ein Rhythmus, der sich in größeren Abständen als 24 Stunden wiederholt, z. B. der Menstruationszyklus.
Katecholamine	Dazu gehören Adrenalin, Noradrenalin und Dopamin. Werden in den Nebennieren und im ZNS synthetisiert aus der Ausgangssubstanz Tyrosin, einer Aminosäure. Fungieren als Hormone und Neurotransmitter.
Melanopsin	Protein der photosensitiven Ganglienzellen in der Netzhaut des Auges, dient der Koordination der zirkadianen Rhythmen. Ist von besonderer Bedeutung für die lichtabhängige Unterdrückung (blaues Licht) der Melatonin-Ausschüttung in der Zirbeldrüse.

Melatonin	Wird auch als Schlafhormon bezeichnet und überwiegend in der Zirbeldrüse gebildet. Ein hoher Adrenalinspiegel (zum Beispiel bei Stress) und zu viel Licht am Abend (insbesondere Licht mit hohem Blauanteil) verzögern die Ausschüttung des Melatonins. Steuert den Schlaf-Wach-Rhythmus, hat antioxidative Wirkung.
Metabolismus	Stoffwechsel, die Gesamtheit aller chemischen + physikalischen Vorgänge, die im Körper zur Energieerzeugung ablaufen.
Natürliche Zeit	Ereigniszeit, Hell / Dunkel, ausgerichtet am lokalen Sonnenstand
NON24	Nicht-24-Schlaf-Wach-Rhythmusstörung, betrifft vor allem blinde Menschen ohne Lichtwahrnehmung, so kann sich die innere Uhr nicht mit dem 24-Stunden-Rhythmus synchronisieren.
Peptisches Ulkus	Geschwür des Magens oder Zwölffingerdarms, das durch zu viel Magensäure oder durch das Bakterium Heliobacter-Pylori entstehen kann.
Rhythmus	wird definiert durch die Schwingungsdauer, die Amplitude und die Akro-Phase. Schwingungsdauer: Zeitdauer, um den Zyklus 1x vollständig zu durchlaufen. Amplitude: Maximalwert des Ausschlags über den Zyklus hinweg. Akrophase: Zeitlatenz vom arithmetischen Mittel bis zum Erreichen der Amplitude
SCN	Suprachiasmatischer Nucleus (Kern), die Schaltzentrale für unsere Inneren Uhren. Liegt oberhalb der Sehnervenkreuzung im Hypothalamus.
Sozialer Jetlag	Desynchronisation von solaren, sozialen und biologischen Rhythmen.
Soziale Zeit	Die Uhren der modernen Welt
Stille Entzündung / Silent inflammation	Chronische, systemische, subklinische Entzündungen, die den Weg für viele Erkrankungen ebnen oder chronische Erkrankungen unterhalten oder verstärken. Wird vom Betroffenen oft nur als allgemeiner Energiemangel, Schlafstörung oder unerwünschte Gewichtsveränderung wahrgenommen.

Ultradian   Ein Rhythmus, der sich innerhalb von 24 Stunden mehr als einmal wiederholt, z.B. Herz- und Atemtätigkeit.

Zirkadian   Ein Rhythmus, der sich regelmäßig alle 24 Stunden wiederholt, zum Beispiel der Schlaf-Wach-Rhythmus.

Zeitgeber   Äußere Bedingungen, die die inneren Uhren mit dem 24-Stunden Tag synchronisieren (z. B. Licht, Mahlzeiten, andere Menschen)

Literaturhinweise

Unsere Innere Uhr
Natürliche Rhythmen nutzen und der Non-Stop-Belastung entgehen
Prof. Dr. Jürgen Zulley; Dr. Barbara Knab
Verlag Herder Freiburg, im Herder Spektrum 2000

Eine Frage der Zeit
Die positive Kraft der Chronobiologie
Dr. Jan-Dirk Fauteck; Dr. Andrea Eder
Christian Brandstätter Verlag GmbH & CoKG, 2018

Vom richtigen Umgang mit der Zeit
Die heilende Kraft der Chronobiologie
Prof. Dr. Maximilian Moser
Allegria – Ullstein Buchverlage GmbH
2. Auflage 2017

The power of when
Michael J. Breus Ph.D.
Herausgeber: Little, Brown & Company
Edition 2016 (nur in engl. Sprache)

Gute Nacht, Schlafprobleme
Schlafen wie ein Bär – mit natürlichen Strategien
Ulrike Jung
Verlag tredition GmbH, Hamburg 2019

Kleine Geschichte der Zeit
Hans Lenz
Matrixverlag in der Verlagshaus Römerweg GmbH
2. Auflage 2018

Der Zirkadian-Code
Erholsam schlafen, Gewicht reduzieren, gesund sein
Satchin Panda Ph.D.
VAK Verlags GmbH, Kirchzarten 2018

Der gute und erholsame Schlaf
Was Sie darüber wissen sollten
Dr. Christian Ehrig, Prof. Dr. Ulrich Voderholzer
Verlag Hans Huber, Hogrefe AG, Bern 2014

Wake up
Aufbruch in eine ausgeschlafene Gesellschaft
Dr. Peter Spork
Dtv, München 2014

Wie wir ticken
Die Bedeutung der Chronobiologie für unser Leben
Prof. Dr. Till Roenneberg
DuMont, Köln 2012

Linkliste

(Aufruf am 21. März 2021)

www.thepowerofwhenquiz.com	Seite von Michael Breus, Ph.D, mit einem Quiz zu der von ihm entworfenen Typologie der Chronotypen: Delfin, Bär, Wolf, Löwe. Online auszufüllen mit anschließender Erklärung durch ein Video (in englischer Sprache)
www.chronobiologie.de	Wissenswertes zur Chronobiologie
www.ifado.de	Leibniz Institut zur Arbeitsforschung der TU Dortmund, Fragebogen zum Chronotyp, der zur Auswertung eingesandt werden kann.
www.naturlicht.de	Leuchtmittel, z. B. blau-freies Licht, Lichttherapie
www.trilux-akademie.com	Lichttechnisches Know-how, Weiterbildungsangebote
https://vimeo.com/alexanderwunsch	Kanal von Dr. med. Alexander Wunsch, Lichtbiologe; etwa 60 Vorträge abrufbar
www.dgsm.de	Deutsche Gesellschaft für Schlafforschung und Schlafmedizin
www.schlafmedizin.at	Österreichische Gesellschaft für Schlafforschung und Schlafmedizin
www.biorelaxx.de	HRV-Biofeedbacktraining, Trainings App + Finger Pulsoximeter mit Bluetooth zum Training der Entspannungsfähigkeit
www.nomadperformance.de	Im Shop gibt es u. a. eine Lichttherapiebrille von Propeaq, Blaulichtfilter und verschiedenfarbige Gläser

www.pocket-sky.com	Tageslichtbrille, 500 Lux, 470nM
www.atp-messtechnik.de	Luxmeter zum Ausmessen der Beleuchtung an Arbeitsplätzen + in Wohnungen
www.vita-pad.de	Die Seite von Ulrike Jung mit Blogbeiträgen zum Schlaf, Webinar-, Seminar- und Vortrags-Angeboten, Anforderung der Fragebögen zu diesem Buch im PDF-Format über das Kontaktformular. Kennwort: ERFOLGSTEAM
www.justgetflux.com	Programm zur Einstellung der Helligkeit des Bildschirms, angepasst an die Tageszeit,
https://www.cet-surveys.com	Online-Test (anonym) zur Bestimmung des eigenen Chronotyps mit Ergebnisbericht

Fragebogen zum Chronotyp

Sind Sie eine Eule oder eine Lerche?

Finden Sie heraus, ob Sie Sie ein Frühtyp, ein Spättyp oder eher der mitteleuropäische Normaltyp sind mit Tendenz zum Früh- oder Spättyp.

Die Aussagen in den zwei Frageblöcken bezeichnen jeweils charakteristische Verhaltensweisen für Eulen und Lerchen. Finden überwiegend die Fragen im Block 1 Ihre Zustimmung, so sind Sie eine Lerche. Je geringer der Unterschied in der Zustimmung ist, Sie also einigen Aussagen in beiden Blöcken zustimmen, umso ausgeglichener ist Ihr Chronotyp.

Block 1:

☐ Ich wache auch ohne Wecker früh auf und das Aufstehen fällt mir leicht.

☐ Auch an freien Tagen stehe ich etwa zur gleichen Zeit auf wie an Arbeitstagen.

☐ Gleich nach dem Aufstehen bin ich hellwach und habe meistens gute Laune.

☐ Ich habe in der ersten halben Stunde nach dem Aufstehen Appetit und brauche ein gutes Frühstück.

☐ Ein früher Arbeitsbeginn fällt mir leicht.

☐ Am Vormittag bin ich besonders leistungsfähig.

☐ Morgens trainiere ich lieber und besser als am Abend.

☐ Am Abend werde ich schon ab 21 Uhr langsam müde.

☐ Ich gehe gerne vor 23 Uhr ins Bett und verzichte dafür schon einmal aufs Ausgehen.

Block 2:

- ☐ Morgens komme ich schwer aus dem Bett und brauche einen Wecker.
- ☐ Am Wochenende und wenn ich keine Verpflichtungen habe, stehe ich deutlich später auf als an Arbeitstagen.
- ☐ Direkt nach dem Aufstehen bin ich eher muffelig und habe keine Lust auf Unterhaltung.
- ☐ In der ersten Stunde nach dem Aufstehen habe ich wenig Appetit und gehe öfter ohne Frühstück aus dem Hause.
- ☐ Ein früher Arbeitsbeginn kostet mich Überwindung und ich muss mich erst „warmlaufen".
- ☐ Am Nachmittag und Abend bin ich besonders leistungsfähig und kreativ.
- ☐ Wenn ich Sport treibe, dann lieber am Abend.
- ☐ Abends gehe ich auch an Wochentagen gerne aus.
- ☐ Am liebsten würde ich nicht vor 24 Uhr ins Bett gehen

Nun haben Sie den groben Rahmen abgesteckt und Sie wissen, ob Sie ein Früh- oder Spättyp sind. Im zweiten Schritt schauen Sie genauer auf Ihre persönliche Situation, denn um Ihren Alltag besser auf Ihren Biorhythmus und Chronotyp abzustimmen, brauchen Sie eine Übersicht über Ihren aktuellen Tagesablauf.

Tagesjournal – ein Fragebogen pro Tag

Hinweise zu Ihrem Tagesjournal:

Wer in der Nacht gut schlafen will, muss auch am Tage gut leben.

Gut leben am Tage bedeutet, dass Ihr Tagesablauf möglichst im Einklang mit Ihrem eigenen biologischen Rhythmus steht, denn der Schlaf-Wachrhythmus fordert auch am Tage sein Recht. Wie weit berücksichtigt Ihre Tagesstruktur, ob Sie ein Früh- oder Spättyp sind? Welche Stressoren, inneren und äußeren Zwänge, Zeiträuber oder auch selbstschädigende Gewohnheiten haben sich über die Zeit eingeschlichen? Vielleicht ist schon einiges so selbstverständlich geworden, dass Sie es nicht mehr als störend wahrnehmen. Das Aufschreiben in Ihrer Tageschronik zeigt Ihnen, wo Sie gegen Ihren eigenen Rhythmus leben. Ein guter Rhythmus am Tage ist gleichzeitig „schlaffreundlich", denn der Schlaf-Wach-Rhythmus ist der wichtigste zirkadiane Rhythmus.

Halten Sie in diesem Tagesjournal Ihren Tag fest, so wie er heute abläuft, denn dann können Sie am besten sehen, wo und wie Sie etwas ändern können.

Ich empfehle, das Tagesjournal mindestens eine Woche inklusive Wochenende zu führen, da einzelne Tage meistens nicht repräsentativ sind. Am besten beginnen Sie mit dem Wochenende. Besonders für Spättypen wird das Ausschlafen leicht zur Rhythmusfalle mit erhöhter Müdigkeit am Wochenanfang.

Die folgende Tageschronik beinhaltet die Punkte, die bei vielen Menschen deutliche Auswirkungen auf den zirkadianen Rhythmus und insbesondere auf den Schlaf-Wach-Rhythmus und die Schlafqualität haben. Sie können aber weitere Punkte hinzufügen oder auch Ihre ganz individuelle Tageschronik gestalten. Wichtig ist immer die schriftliche Dokumentation!

Mein Tagesjournal vom: _____

Mein Start in den Tag:
Beispiele: Griff zum Smartphone noch im Bett, Morgengymnastik, Wechselduschen, Frühstück 30 Minuten, nur Kaffee

_____

_____

Meine Stimmung in der ersten Stunde nach dem Aufstehen:
Müde, ausgeruht und tatendurstig, gut gelaunt, muffelig, trübe

_____

Mein Lichtkonto:
Aufenthalt im Freien (Minuten gesamt und zu welcher Tageszeit), Bewegung draußen. Wie war das Wetter?

_____

_____

Mein Arbeitstag:
Stresssituationen und meine Reaktion darauf. Wie sehr hat mich das Stresserlebnis belastet? Wen habe ich heute gelobt oder wem einen Gefallen getan? Was habe ich zur Entspannung während des Arbeitstages unternommen? Überstunden? Gab es besondere Vorkommnisse, positiv wie negativ?

_____

_____

_____

Meine Freizeit:

Hausarbeit, Einkauf, Zusammensein mit der Familie, Hobby, Sport, TV, Internet. Wie viele Stunden Freizeit gab es heute? Bin ich zufrieden damit, wie ich meine Freizeit verbracht habe?

_____

_____

Meine Mahlzeiten:

Was habe ich wann gegessen? Snacks zwischendurch nicht vergessen. Begleitumstände, zum Beispiel: Abendessen vor dem Fernseher, mit der Familie/Freunden, zu Hause oder auswärts, To-Go. Wieviel Zeit habe ich mir für die Mahlzeit genommen? Warum habe ich gegessen? Weil ich Hunger hatte, weil gerade Essenszeit war oder ein Schnellimbiss auf dem Wege lag? Wieviel Zeit lag zwischen Abendessen und dem Zubettgehen? Alkoholische Getränke?

_____

_____

_____

_____

_____

_____

Aufstehzeit und Zubettgehzeit:

_____

_____

Mein Tagesausklang:
Mein letzter Bildschirmkontakt (Fernseher, Smartphone, PC), alkoholische Getränke nach dem Abendessen, Tätigkeiten während der letzten 2 Stunden vor dem Zubettgehen.

_____

Mein Fazit für heute:
Was war heute besonders schön? Wer oder was war schwierig? Was habe ich heute geschafft? Was blieb unerledigt? Worauf freue ich mich morgen?

_____

_____

Schauen Sie sich nach sieben Tagen Ihre Tagesjournale an. Welche Auswirkungen hatte Ihr Tagesablauf auf die Schlafqualität in der Folgenacht? Was möchten Sie in Zukunft anders/besser machen? Nehmen Sie sich für den Anfang nicht zu viel auf einmal vor. Wählen Sie zunächst nur eine Routine oder Gewohnheit aus, die Sie verändern wollen und bleiben Sie dann mindestens vier Wochen dabei, um die Auswirkungen auf Ihre Leistungsfähigkeit, Stimmung oder Schlafqualität bewerten zu können. Ausnahmen, wie ein spätes Abendessen mit Freunden, dürfen sein, sie gehören zum guten Leben und runden es ab.

Versuchen Sie jedoch, auch nach einer kürzeren Nacht, am Morgen zur gewohnten Zeit aufzustehen, um wieder in Ihren Rhythmus einzuschwingen.

Für Ihre persönlichen Notizen:

Zeitfracht Medien GmbH
Ferdinand-Jühlke-Straße 7
99095 Erfurt, Deutschland
produktsicherheit@kolibri360.de